宗教を学べば
経営がわかる

池上 彰・入山章栄

文春新書

1462

本書を手に取った方へ

入山章栄

本書を手に取った方の中には、表紙のタイトルを見て不思議に思った方もいるだろう。「なぜ、宗教を学べば経営がわかるのか？」と。

しかし、これこそが本書の狙いなのだ。これから述べていくように、宗教をよく理解することは、現代のビジネスや経営を考える上でとてつもない学びとなる。いや、むしろこれからは変化が激しく、不確実性の高い時代だからこそ、経営者、管理職、一般社員、起業家、すべてのビジネスパーソンにとって宗教を学ぶことが不可欠とすらいえるかもしれない。そもそも私は経営学者として以前からこの問題意識を持っていたのだが、本書で展開されるように、世界の宗教事情に精通した池上彰さんとの何度にもわたる知の交換を通じて、ますますその確信を深めた。結果、本書を池上さんと上梓することにしたのだ。したがって本書の対象読者は、まずは日本中のビジネスパーソン全員ということになる。

しかし本書をお読みいただきたいのは、ビジネス関係者だけにとどまらない。なぜなら、一般教養として宗教の理解はいまや不可欠だからだ。宗教は、我々の社会の隅々にまで影響を与えている。日本では旧統一教会の問題もあり、「宗教」という言葉に忌避感を感じる方もいるかもしれない。しかし、そもそも人は宗教的な生き物であり、何かを信じながら日々を生きている。「自分は無宗教」という方も神社に行けば手を合わせるし、結婚式は教会で挙げ、葬式で経を唱えるなど宗教的なスタイルで行う。流れ星を見たら願い事を唱えたり、大自然の中で神秘的な何かを感じる方も多いだろう。宗教の定義は「超自然的な何かを感じ、信じている」ことなので、我々は全員が、どこか宗教的な心を持っているのだ。

さらに世界を見渡すと、中東の戦争（イスラム教vs.ユダヤ教）も、ウクライナ・ロシア戦争（ウクライナ正教vs.ロシア正教）も、宗教がその根底にある。今後の不透明な世界を見渡す上でも、宗教を一般教養として理解しておく重要性はますます高まっている。

そしてこれから述べていくように、本書は宗教に対して、私の専門である経営学の視点を使うことで、画期的かつわかりやすい説明を試みている。したがってビジネスパーソンだけでなく、一般教養として宗教を理解したい方にも、本書は「ああ、宗教はそう考えればいいのか！」という視点を提示する入門書ともなるだろう。

このように、宗教と経営は互いに学び合えるのだ。「宗教を学べば、自分の経営・ビジネスがより深く考えられる」（宗教の理解→経営・ビジネスの理解）ようになるし、逆に「経営理論から宗教を読みとけば、宗教がよりわかりやすくなる」（経営理論→宗教の理解）のだ。この両方向の視点を提示することで、読者の皆さんに知的刺激を感じていただけるだろう、というのが本書の最大の特徴である。

■宗教は経営であり、経営は宗教である

なぜ宗教とビジネス・経営が互いに学び合えるのかを、もう少し深く、三つの切り口で説明しよう。

第一に、最も重要なこととして、両者は根底にあるものが「人」であり、「組織」であり、「信じることに向けての行動」という意味で、本質的にほぼ同じだからだ。先にも触れたが、宗教とは根源的に「何か（超自然的なもの）を信じている人たちが集まり、共に行動する行為・組織のこと」と言える。よく考えれば、これは現代の「理想的な民間企

1　宗教の学術的な定義については、たとえばRodney Stark & Williams Simsa Bainbridge. (1996), A Theory of Religion, Rutgers University Press, を参照。

業」そのものである。今後はさらに社会・環境問題が顕在化し、何よりデジタル技術やAIの台頭で変化が激しく、不確実性の高い、先の見通せない時代になっていく。この時代に企業が自らを変化させながら前進するには、（それが超自然的なものでなくても）経営者や従業員が共に信じるべき目的・理念が必要だ。だからこそ、いま多くの企業で「パーパス経営」が注目されている。

すなわち、そもそも理想的な民間企業とは「同じ経営理念・パーパスを信じている人たちが集まり、共に行動する」組織なのだ。この意味で、民間企業と宗教に本質的な差はほとんどない。実際、私の知る優れた企業には、「入山さん、外ではこういう言い方はできないけど、ウチの会社は宗教みたいなものなんだよ」と、笑いながら語る経営者が実に多い。

他方で、「理念・パーパスの浸透」が社内で行き渡らないことに悩む経営者・ビジネスパーソンが多いのも事実だ。つまり自分の企業を、いい意味で宗教化できていないのである。もしかしたら、いま本書を手に取っているあなたもそうかもしれない。だとすれば、理念が浸透したからこそ成功してきた宗教から、ビジネスパーソンが学ぶことは多いのではないだろうか。

よく考えれば、歴史上最も成功した「組織」は、キリスト教やイスラム教だと捉えることもできる。紀元前一三～前七世紀ごろに人類の最古の啓示宗教とされるゾロアスター教が現在のイラン高原に登場して以来、人類の歴史では数えきれないほどの宗教団体が生まれては消えていった。この中で一〇〇〇年以上も大きな勢力を保ち続け、今も広く市民権を得ているのがキリスト教とイスラム教だ。両宗教だけで、現代の世界の宗教人口の五六％を占める。だとすれば、自分の企業やビジネスを長く、遠くまで普及させたいと考える経営者やビジネスパーソンなら、この二大グローバル宗教のメカニズムを理解することから学べることは、間違いなく多いはずだ。

第二に、だからこそ、宗教と経営をつなぐ橋渡しとなり、宗教のメカニズムに明快な説明を与える道具として、経営理論が使えるということだ。なぜなら、経営学とはつまるところ、「人と組織が何をどう考え、どう行動するか」を社会科学的に突き詰めた学問に他ならないからだ。会社とは結局は人でできており、人の考え、信念、行動で動いている。これは宗教も同じなのだから、経営理論の視点は宗教のメカニズムの説明にうってつけなのだ。幸い、私はアメリカで経営学博士号を取り、世界の経営理論に通じた一人であり、それをわかりやすく説明できることだけには自負を持っている。だからこそ、経営理論で宗教を紐解くことが多くのみなさんの学びになる、と確信しているのだ。

■宗教は経済・社会のオペレーティング・システムになっている

宗教と経営をつなぐべき第三の意味は、実は世界を見渡せば、我々のビジネス・経営観念は、宗教の視点が前提としてインストールされている、ということだ。ビジネスは、そもそも様々な経済・社会を前提に行われている。異なる国では、異なる経済・社会背景があり、それらは圧倒的に宗教の影響を受けている。つまり、知らず知らずのうちに我々のビジネスの基本思考や基本動作には、宗教の考えが埋め込まれているのだ。

たとえば、アメリカという国の本質を理解したければ、キリスト教プロテスタントのカルヴァン派の影響の理解が不可欠だ。本書第六章で池上さんが語るように、アメリカは、我々が想像する以上にカルヴァン派思想で規定されている。アメリカに仕事で行った経験のある方なら、あの激しい競争社会や、貧富の格差に愕然とした方も多いはずだ。なぜアメリカはあそこまで競争社会なのか、なぜ経営者が巨額の報酬を得ても誰も文句を言わないのか……これも実は、カルヴァン派の理解なしには読み解けない。

さらに、今後の世界はイスラム経済の台頭が不可避である。イスラムというと中東のイメージが強く、縁遠く感じる方もいるかもしれない。しかし、日本の今後の重要な経済パートナーになる一国は、東南アジアの人口三億人のインドネシアであり、同国は国民の大半がイスラム教徒である。同じく東南アジアのマレーシアは、いま「イスラム金融」のハブになる国家戦略を立てている。本書第五章で述べるように、イスラム経済は西欧の資本主義とは異なる考えを持っているため、その理解なしには対応できない。

このように、宗教とは我々のビジネス・経済活動の基盤である「オペレーティング・システム」（ＯＳ）のようなものなのだ。パソコンのWindowsとmac OSが全く異なるように、あるいはスマートフォンのAndroidとiOSの使い勝手が違うように、宗教を背景とした社会・経済はそれぞれ異なるＯＳでできている。このＯＳの違いを知らないまま同じアプリケーションを動作させても、機能しないのである。

ここまでをまとめると、本書の目的は大きく三つあることになる。

①池上さんと私の対談を通じて、宗教の基本や最新事情を知ってもらい、ビジネスパーソンに自身のビジネス・経営へのさらに深い理解を得てもらう（宗教の理解→経営・ビジネスへの学び）

②「人と組織の学問」である経営理論の視点を使うことで、一般教養としての宗教をさらにわかりやすく理解してもらう（経営理論→宗教の理解）

③国際社会の基本ＯＳ（オペレーティング・システム）である宗教を学び、これからさらにグローバル化するビジネスやご自身の仕事への示唆を得てもらう

■池上さんとの対話だからこその成果

本書は、池上彰さんと私が対談をしながら、そこで得た知見により、私が宗教と経営・ビジネスの共通項やポイントを各章冒頭でわかりやすく解説する、というスタイルをとっている。各章は私のかんたんな解説で始まり、そのあとに池上さんと私の具体的な対談が続く。まずは解説だけざっと読んでいただいてもいいし、あるいは池上ファンなら対談の部分だけ読んでもらっても構わないようになっている。

このスタイルをとった理由は、本書の出版に至った経緯によるところが大きい。実は、今でこそ宗教を学ぶことの大切さを説いている私だが、かつてはその重要性をまったく認識できていなかった。汗顔の至りである。

先にも述べたように、私はアメリカの大学院で経営学の博士号を取得し、その後もアメ

リカで研究を続けた経験を持っている。滞在期間は一〇年に及んだ。その意味で世界の先端の経営理論がどのようなものであるかを、徹底的に学んできた自負はある。だが、世界を見渡しても、宗教に着目した経営学の研究はほぼ皆無で、私自身、そこに重要なカギがあるとは気づけないままだった。

宗教を意識するようになったのは、日本へ帰国して、様々なビジネスパーソンと交流するようになってからだ。さきほども書いたように、「ウチの会社は宗教みたいなものだ」と何人もの経営者から言われるうちに、「これは重要な視点なのではないか」と思い至ったのである。また、私自身も複数の企業の社外取締役やアドバイザーを務めるようになり、経営者と社員との関係に宗教との類似点がある、と実感する場面に何度も遭遇してきた。

宗教について学びたい、誰かに教えを乞うことはできないだろうか——。

そんなふうに考えていたとき、文藝春秋に勤務する旧知の編集者と話す機会があった。「宗教を学びたいと思っている」と話したら、彼は「池上彰さんと対談してみませんか?」と提案してくれたのだ。こうして生まれたのが本書である。池上さんが持つ世界の宗教についての豊富な知見と、私が持つ経営学の知見をぶつけあって、互いに学び合うとともに、新たな視点を見つけようとしたのである。対談は盛り上がり、日を改めて何度も行われた。

みなさんもご存じのように、池上さんは様々な分野で膨大な知識を持つ「知のモンスター」のような方だ。その池上さんがやさしく丁寧に解説をしてくださったおかげで、宗教についての入門書という意味でも、非常にわかりやすい内容になっていると思う。

私のほうは、これからの経営・ビジネスを紐解く上で必須である最先端の経営理論を、できるだけ簡潔に解説するよう心がけた。また、ジャーナリストの池上さんが具体的な事象を豊富に紹介してくださるのに対して、研究者の私はその事象を抽象化、構造化して、メカニズムを俯瞰して眺めることができるよう試みた。

結果、お互いの持ち味が生かされて、とても充実した対談シリーズとなったと思う。何より、宗教と経営を結びつけて論じるという、これまでにない本を生み出せたことに感慨もひとしおだ。池上さんには心より感謝している。

■宗教×経営の「掛け算」を楽しむ

最後になるが、宗教や宗教学の専門家からご覧になると、本書の特に私の記述・発言には、不適切だったり未熟な部分が多々あるかもしれない。ご容赦いただきたい。私は池上さんと対談するまで、宗教についてはほぼ素人であった。今後も謙虚に学んでいきたいと思っている。他方で、経営学や経営理論は専門であり、本書を通じてその部分での不備や間違いは、すべて私の責任に帰するところである。

では、宗教×経営の「掛け算」という、世界で初めてかもしれない試みを、みなさんに楽しんでいただきたい。ビジネスパーソンはもちろん、宗教に興味のある人、歴史に興味のある人など、さまざまな読者の知的好奇心を刺激できる内容になっているはずだ。本書が、あなたのビジネスや生活に何か少しでもヒントを提供できたなら、この上ない喜びである。

二〇二四年初夏

宗教を学べば経営がわかる◎目次

第二章　イノベーションのためには、宗教化が不可欠

第四章　パーパス経営の時代こそ、プロテスタントの倫理が求められる

第六章　アメリカ経済の強さも矛盾も、その理解には宗教が不可欠

第一章　トヨタはカトリック、ホンダはプロテスタント
～強い企業と宗教の類似性はセンスメイキングにある～

解説　宗教と優れた企業経営は、本質が同じである

入山章栄

宗教と優れた企業経営に共通点はあるのか。あるとすれば、それは何なのか。

対談の幕開けとなった本章では、この論点から池上彰さんと縦横無尽に語り合った。そして、両者は本質的にほとんど変わらない、という結論に至ったのだ。この本の冒頭「本書を手に取った方へ」でも述べたように、「同じ目標・信念を持つ人たちが集まり、その動機づけを持って共に行動する」という意味で、宗教と優れた経営に何ら変わりはない。

今後はさらに不確実性が高まり、複雑になり、正解のない時代となる。この不透明な世界では、どんな人も何かしら「自分が信じる、腹落ちできる心の拠《よ》り所」を欲する。それは企業経営も同じはずだ。

その点で、よく考えれば、宗教は数千年におよぶ歴史のなかで人類が培ってきた「心の拠り所」としての、叡智の結晶だ。だからこそ、これからは「いい意味で宗教的な企業」が求められるのだ。そして世界の経営学では、この「腹落ちできる心の拠り所」の

重要性を説明する経営理論がある。池上さんとの対談を通じてこれらの視点を結びつけることで、新たな知見が浮かび上がってきた。

以下、本章の対談を楽しんでいただくために、まず私から、池上さんとの対談から得た、世界の経営理論とそこから見える宗教との共通性を解説したい。対談に盛り込めなかった視点や、企業事例も織り交ぜたいと思う。

■本書全体でカギとなる経営理論「センスメイキング理論」

本書を通じて最重要の経営理論が、「センスメイキング理論」（sensemaking）である。[1]日本企業の経営課題を考える上で、不可欠の理論だ。後述するように、宗教の役割もセンスメイキング理論でかなりの部分が説明できる。

◎本書で学ぶ経営理論（1）：センスメイキング理論

ミシガン大学の組織心理学者カール・ワイクが一九八〇年代に提示した理論。少し難

1　Weick, K. E.（1995）。邦訳は『センスメーキング　イン　オーガニゼーションズ』文眞堂（二〇〇一）

しい話だが、この理論は科学哲学の「相対主義」（relativism）に基盤を置く。

相対主義とは、「人々は完全には同じようにものごとを共通認識できない。なぜなら、人（＝主体）と対象物（＝客体）はある意味で不可分であり、主体の働きかけ方やその状況によって、主体ごとに客体の解釈が違ってくるからである」という立場をとる。

たとえばみなさんは、いま『宗教を学べば経営がわかる』という本を手にしている。そして日本のどこかにも、他に本書を読んでいる方がいる。すると、普通なら「読者はみな同じ本を読んでいるのだから、そこで得る学びは同じだ」と考えがちになる（これを実証主義〔positivism〕という。人と客体〔本書〕が分離されているので、本書の内容を客観的に、正確に読めば、どんな人でも全く同じ普遍的な学びを共有できる、という考え方だ）。

しかし現実には、人は、本書をそのときどういう心情で読んでいるかはそれぞれ違う。自分がどのくらい経営に詳しいか、宗教に詳しいかでも本書の解釈は違うだろう。一ページ目から読むか、途中から読むかでも、解釈・認識は違ってくる。このように、「同じ本を読むのでも、読み手（＝主体）の立場・心情や行動で、その本の意味づけや解釈はそれぞれ異なる、だから一冊の本に対しても、絶対的に普遍の共通認識はない」と考

図表1　実証主義と相対主義

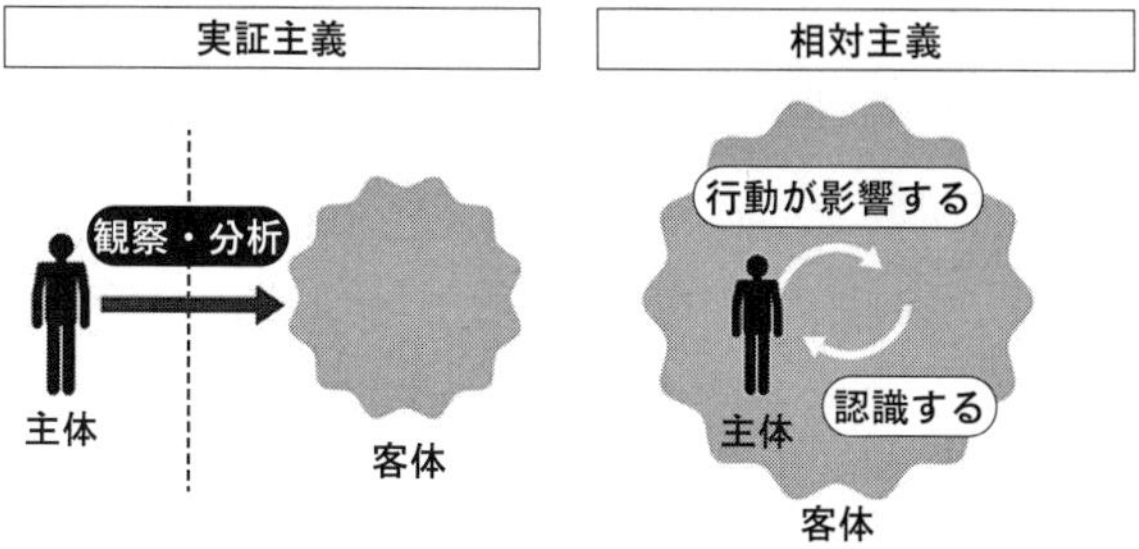

入山章栄『世界標準の経営理論』ダイヤモンド社（2019年）より

えるのが相対主義だ。図表1は、実証主義と相対主義の違いを表したものだ。

そして変化が激しい時代には、同じ対象物に対しても、人々の解釈の違い（多義性）は大きくなりがちだ。たとえば「AIはどのようなものか」「気候変動は人類にどのような影響を及ぼすか」「この会社の存在意義は何か」などに、人によって解釈の多義性が生まれがちになる。そういう時代だからこそ、「組織の全員が解釈をなるべく揃え、納得しながら行動し、その行動から得た解釈が、さらなる納得性を生む」というサイクルを作っていくことが重要、というのがセンスメイキングの骨子の一つだ。

つまりセンスメイキング理論は、「腹落ち」の理論といえる。センスメイクには「腹落ち」という意味がある。センスメイキング理論の経営実務への含意は、

「変化の激しい時代に、腹落ちの弱い企業は生き残れない」ということだ。人は腹落ちをしてこそ初めて本気で行動するし、それが組織を動かす最大の原動力になるからだ。

一方、多くの日本企業の課題は、社内で従業員、場合によっては経営者までが「この会社は何のためにあるのか」「どういう未来を作りたいのか」について多義的になり、全員が同じ方向で腹落ちしていないことにある。

近年注目されている「パーパス経営」のように、パーパス、ビジョンを掲げる企業は、表面上は増えてきている。他方で、その社員たちが本当に同じ方向感で腹落ちしているかは、疑念を抱かざるをえない。パーパスの言葉だけが上滑りし、社員はそれに腹落ちしないまま、「自分が働くのは義務だから」「評価が下がるから」「給料が欲しいから」という理由だけで、日々活動している企業も多いのではないだろうか。

こういった企業の多くは、遠い未来への腹落ちよりも、目先の数字の正確性だけを重視する。必死になって需要予測をし、予算管理をし、自らを数字で縛る短期思考の中期経営計画を作る。「客観的に企業を数字で分析すれば、その課題を全員が同じように共有できて、問題は解決する」という、実証主義の立場だ。

しかし、これだけ先が読めない時代に、腹落ちのないまま数字だけに縛られていては、社員も経営幹部も行動できない。センスメイキング理論によると、大事なのは目先の正確性（accuracy）以上に、みなが自社の存在意義や未来への解釈を揃えて腹落ちすることと、すなわち納得性（plausibility）なのだ。

逆にいえば、多義性を排し、進むべき未来への腹落ちを全員で高められれば、組織は思わぬ力を発揮する。象徴的な事例として、カール・ワイクが自身の論文で引き合いに出す逸話（実話）を紹介しよう。

昔、ハンガリー軍の偵察部隊が、アルプス山脈の雪山で急に猛吹雪に見舞われ遭難した。隊員はテントに逃げ込んだが、吹雪は止む気配がない。このままでは全員凍死することは目に見えている。他方、外は先の見えない猛吹雪で、しかもあいにく誰も地図を持ち合わせていなかった。この死の恐怖におののく状況で、隊員の一人がなんと偶然、ポケットに忍ばせていた地図を見つけた。すると、「いちかばちかだが、地図があったから、これで帰れるかもしれない」と隊長と隊員全員が納得し、リスクをとって下山を決意した。そして猛吹雪の中、時間をかけながらも地図を手に進み、ついに無事に下山に成功したのだ。ところが下山してから、部下が握りしめていた地図を見て隊長は愕然とした。彼らが見ていたのはアルプス山脈ではなく、ピレネー山脈の地図だったのである（筆者意訳）[2]。

逸話のポイントはお分かりいただけるだろう。常識で考えれば、ピレネー山脈の地図でアルプスを下山できるはずがない。しかし、大事なのはそこではなく、ピレネーの地図をアルプスの地図と勘違いしたがゆえに、「いちかばちかだが、地図があったから、これで帰れるかもしれない」と、隊長も隊員も全員が腹落ちしたことなのである。全員が心から進むべきだと感じる道がそろったためにリスクをとり、結果、不可能に思われた下山を可能にしたのだ。

もしここで隊員たちが納得せず、地図の正確性だけに頼っていたら、下山を覚悟できずに全員が凍死していただろう。今の日本では正確性だけにこだわり、腹落ちが弱いが故に凍死しかけている企業が少なくないように、私にはみえる。

■リーダーが企業に腹落ちを浸透させるには

このようにセンスメイキング理論の実務的示唆は、目先の正確性ではなく、二〇～三〇年後、場合によっては五〇年後、一〇〇年後の遠い未来に向かって、「自分たちの会社はこういう未来を作りたい」という腹落ちを醸成し、行動していくことなのだ。多くの日本企業の弱点は、言葉だけのパーパスやビジョンは掲げても、未来に向けての本気の腹落ちを経営者が重視しないことであり、あるいはやったことがないのでどうしたらいいかわからないことだろう。

他方、世界で成功するグローバル企業は驚くぐらい、この腹落ちを重視している。ユニリーバ、デュポン、ネスレなどはその代表だ。加えて、革新を引き起こす起業家も多くがこの腹落ちをさせる達人というのが、私の理解である。スティーブ・ジョブズも米セールスフォースの創業者であるマーク・ベニオフもそうだし、イーロン・マスクに至っては「人類の滅亡を防ぐ」ために、火星に人を移住させようとしている。その世界観に共感・腹落ちした、多くの一流人材が、厳しい労働環境でも、イーロン・マスクの下に集まってくるのだ。

2　Weick, K. E.（2005）"Managing the Unexpected: Complexity as Distributed Sensemaking," In R. R. McDaniel Jr. and D. J. Driebe（Eds.）, Uncertainty and Surprise in Complex Systems: Questions on Working with the Unexpected（pp. 51–65）, Springer-Verlag.

日本で巨大な実績をあげた経営者も、多くが腹落ちをさせる達人である。たとえば、日本電産（現ニデック）をゼロから立ち上げて売上高二兆円企業にした永守重信氏もまさにそんな一人だ。私は何度かお話をうかがっているが、同氏はお会いすると、いつも三〇年先の未来を語る。「自分は仲間に夢だけは見させられる」と豪語されていたのを今でも覚えている。だからこそあそこまでの会社になったのだろう。

日本の場合、高度成長期からバブル期にかけて、センスメイキングなしでもやっていける特殊な時代があった。安定した右肩上がりの流れに乗って、現場が強かったので、なんとなく利益を出すことが可能だったのである。しかし、バブルが崩壊し、流動性の高い不安定な時代がやってくると、多くの企業が苦境に陥った。センスメイキングが足りないことが露呈したのだ。

では、センスメイキングのために、企業やリーダーたちは具体的に何をすべきなのか。以下では、日本中の様々な企業をみてきた筆者の経験から、三つのポイントを提示したい。

（1）何よりも経営者自身が腹落ちする「パーパス、ビジョン、夢を語る」ことだ。重要なのは、何より自分がそのパーパスに腹落ちしていること。そして、何度も繰り返し語ることだ。人は、一度や二度言われたぐらいで腹落ちしない。何度もしつこいくらい語ることで、少しずつ組織に納得感が醸成されるものだ。

（2）経営幹部や中間層がそれをよく理解して、部下に伝えていくことも不可欠だ。経営トップは一人しかいないため、語ることに限界がある。また、トップの言うことは往々にして抽象的で、現場で泥臭い業務をしている従業員に響きにくい。だからこそ、トップの言葉を現場の言葉に置き換えて腹落ちさせるのが、経営幹部や中間層の本来の仕事なのである（カール・ワイクの論文にも同様の主張がある）。

（3）パーパスやビジョンをきちんと言語化し、それを様々な形で残し、社員や周囲のステークホルダーに見せていくことだ。それは文章である必要もなく、自分の作りたい未来を描いた動画や絵を作ってもいい。

さて、もうお気づきの方もいるかもしれないが、これらのポイントは、世界で成功してきた宗教が行ってきたことと驚くほど類似するのだ。

■ソニー平井氏は、現代のマルティン・ルター

まず、（1）のトップが語ることの重要性は、いうまでもないだろう。世界的宗教の開祖であるイエスも、ムハンマドも、釈迦も、ひたすら語り続けた人物である。その言葉が人々を腹落ちさせたからこそ、巨大な宗教へと発展していった。たとえば中東クライシュ族の一商人にすぎなかったムハンマドは、西暦六一〇年のある日、大天使ジブリールに出会い、唯一神の啓示を受けて、その言葉をひたすら何度も人々に伝えていった。自身が神の言葉に腹落ちし、それを説き続けたからこそ、イスラム教は国を動かすような、世界的宗教になっていった。

これは、企業経営も同じだ。本章の対談ではリクルートの事例を取り上げているが、この解説では、ソニーを復活させた平井一夫社長を取り上げよう。

創業者の井深大と盛田昭夫が亡くなって時が経ち、ソニーでは同社の理念をめぐって

社内が割れた時期があった。多くの方が覚えておられるように、ソニーは二〇〇〇年代に入って創業以来の主力であったエレクトロニクス部門が低迷し、会社全体が厳しい状況になってきた。一方、金融事業は収益が上がり始めていた。

すると、「ソニーはエレクトロニクス」にこだわる人たちと、金融を含め多角的な経営を志向する人たちとの間で対立が生じてしまった。「ソニーとは何の会社なのか」をめぐるアイデンティティが揺らぎ、社員同士で「ソニーらしさ」についての解釈が異なるという事態を招いたのだ。実際、当時私も何人ものソニーの幹部や社員に会って「ソニーとは何か」を問いただしたが、その答えはバラバラだった。「ソニーとは何か」が多義的だったのだ。

経営危機を迎えたソニーだったが、二〇一二年に平井一夫氏が社長に就任すると、彼は「ソニーは感動（ＫＡＮＤＯ）の会社である」と理念を定めた。私が平井氏から直接うかがったことだが、同氏は朝起きたらＫＡＮＤＯ、ご飯を食べたらＫＡＮＤＯ、風呂に入ってもＫＡＮＤＯというくらい、まず自分自身にＫＡＮＤＯを言い聞かせたという。そして、世界中どこへ行っても、どの会議でも口にし続け、理念を浸透させていった。

よく考えれば、ソニーが手掛けているエレクトロニクスやセンサー技術も人を感動させるためのものだし、エンタメは言うまでもない。金融だって人生に感動を与えられる、と解釈できる。多義的になっていた「ソニーらしさ」の解釈をＫＡＮＤＯという言葉に集約し、平井氏がそれを語り続けたことで、一人ひとりのセンスメイキングにつながり、五〇〇〇億円を超える巨額赤字を抱えていたソニーは復活を遂げたのである。

ソニーの復活は、平井氏がセンスメイキングを浸透させていったことが背景にあるのだ。平井氏は創業者ではないが、井深、盛田という偉大な創業者が作ったソニーという宗教を、「ＫＡＮＤＯ」という言葉で再定義し、解釈を揃えて腹落ちを促した中興の祖と言える。キリスト教で言えば、形骸化していたキリスト教を再定義して、プロテスタントの興隆を引き起こしたマルティン・ルターのような存在と言えるかもしれない。

■企業研修は、ミサや礼拝を見習うべし

次に（2）の、幹部や中間職の重要性である。これも宗教と企業経営は同じだ。宗教には開祖の教えに共感・腹落ちし、様々な人々にそれを広める幹部が不可欠だ。キリスト教ならペトロとパウロがそうだし、仏教なら釈迦の教えに共感した十大弟子がそれにあたるだろう。こういった幹部や中間層が、宗教の理念を現実に当てはめながら語り続

けていくことが重要なのだ。

そのための仕組みづくりも重要だ。宗教が巨大化して様々な地域に普及すると、その地域の現状に即して宗教をどう位置づけ、解釈するかが大事になる。それは現代のキリスト教なら、ミサや礼拝という形で残っている。キリスト教では週末に信者がミサや礼拝に行くが、そこで神父・牧師が、現地の生活事情を踏まえながら、説法をしてくれる。この経験を通じて信者は、神の教えを踏まえて、その地域での日々をどうすごして行くべきかを自分なりに考えて腹落ちし、生活しているのだ。

これと全く同じことをやっているのが、実は世界で成功するグローバル企業の「研修」だ。欧米のグローバル企業でも、社員研修を頻繁に行っているところは多い。しかし、そこで行うのは座学で知識を学ぶこと以上に、「創業者やトップの理念を、現場の業務活動に結びつける腹落ち」を狙ったものが多いのだ。

宗教と同じように、企業も大きくなるほど、社員は様々な地域の現場で様々な業務に従事するので、トップの語る抽象的なビジョンとのズレを感じ、共感できなくなっていく。「社長は偉そうに高邁《こうまい》なことを言っているけど、俺が毎日現場で泥臭くやっている作業と何の関係があるんだ」と思ってしまう大企業社員は多い。だからこそ、「いや、あなたの現場の仕事は、このような意味で当社のパーパスやビジョンとしっかりつながっているんです」と腹落ちしてもらう必要がある。

そのため、海外のグローバル企業では「自社のパーパス、ビジョンと自分の日々の仕事はどうつながっているのか」を議論する研修が、半年に一度は設けられる（日本企業でこういう研修をやるところは少ないし、あったとしても頻度が低い）。まさに、週に一度のミサや礼拝を通じて、神の教えと自分の日常生活の結びつきを腹落ちさせる機会を作るのと、同じことをやっているのである。

■文章や絵の力を最大限に活用すべし

そして、（3）である。世界的宗教には多くの場合、拠り所になる文書がある。キリスト教の『新約聖書』、イスラム教の『コーラン』、ユダヤ教の『旧約聖書』などだ。拠り所となる文書があるからこそ、現在に至るまで信仰を腹落ちさせながら受け継がれてきた。文章だけではなく、ビジュアルイメージの伝わる絵画も重要だ。キリスト教や仏教の宗教画などは、センスメイキングのための有用なメディアと捉えられるだろう。

日本でメディアを使ってセンスメイキングを進めている企業の一つは、ソフトバンクだろうか。同社は多くの動画を使って、社員や入社希望者を啓蒙する。動画を使って、孫正義氏などの経営陣が描く同社の未来を何度も流すのだ。いまや動画を誰でも作れる時代になったのだから、企業がセンスメイキングの手段として動画を作ることは、私も多くの企業に勧めているところだ。

このように、成功する企業と、宗教のあいだにやはり共通点は多い。繰り返しだが、それは両者とも「人」「組織」「信じるものへ向かって進む」という意味で、本質が同じだからだ。その本質をあざやかに切り取るのが、センスメイキング理論なのである。

■あなたの会社はカトリック型か、プロテスタント型か

さて、本章の対談の中で、池上さんからホンダ（本田技研工業）は「プロテスタント型」ではないか、との興味深い指摘があった。これに対して私は、だとするとトヨタ自動車は「カトリック型」かもしれないと応じている。最後に、この点だけ簡単に説明しておこう。

社長を退いたとはいえ、創業家出身の豊田章男氏がいまだに会長として君臨するトヨ

タは、ローマ教皇を頂点としたカトリックになぞらえることができる。ある意味でトップダウン型の、統制のとれた組織だ。実際、トヨタは情報共有のスピードや仕事の進め方などで、現場の統制が非常にとれており、それが長いあいだ同社の強みになってきた。

一方のホンダは、すべての社員が創業者の本田宗一郎をリスペクトしているが、トヨタほどトップダウンの中央集権型にはなっていない。統制はそこまでとれておらず、様々な部署で各自が良くも悪くも自由に行動する傾向がある。イエス・キリストを信じてはいるものの、ローマ教皇の指揮命令下からは離脱したプロテスタントになぞらえることができる、というわけだ。

少なくともこれまではトヨタもホンダも、社員が創業家・創業者をリスペクトし、「いい車を作る」という方向感で腹落ちしてきたと言える。その意味で、宗教性の強い企業だったと言えるだろう。

しかし自動車業界も、電気自動車の台頭、自動走行技術、環境問題の深刻化など、一九〇八年にヘンリー・フォードがT型フォードの大量生産方式を生み出して以来、一〇〇年ぶりの大変革期を迎えている。この中でカトリック型組織が勝つのか、プロテスタント型組織が勝つのか、あるいはみなさんの会社はどちらなのか……池上さんとの対談を読んでいただきながら、ぜひ考えてみてはいかがだろうか。

ではいよいよ、池上さんとの対談に入っていこう。

■経営学は、人間と組織の学問

池上　この対談は「経営と宗教」がテーマになっています。私は宗教に関する本をいくつか書いてきましたが、経営と宗教を関連させて考えたことはありませんでした。なかなか斬新なテーマだと思いますが、果たしてどんな展開になるでしょうか。

入山　私は一介の経営学者で、宗教についてはまったくの素人なんです。ただ、素人ながらも、企業経営に何か宗教的なものの影響があるのではないかと、以前から感じていたんですね。今回は、池上さんに様々な論点からお話を伺ってみたいと思っています。

池上　まず、「経営学」とは何なのか、入山さんにお聞きしておきたいですね。私の頭に思い浮かんだのは、日本経済新聞の「私の履歴書」という連載コーナーです。名の知れた経営者がよく出てきて、「私はこうやってビジネスで成功したんだ」みたいな話をしている。経営学と聞くと、あれに近いものを想像する人は多いんじゃないですか？

入山　日本ではそうかもしれません。ただ、アメリカやヨーロッパを中心とした世界の経営学は、あくまでも社会科学として科学性を求めているんです。科学性とは何かというと、つまり普遍的な真理の探究を目指しているわけですね。

たとえば松下幸之助が何かいいことを言っている場合に、それを経営学の理論にするためには、彼の言ったことは他の多くの経営者にも本当に当てはまるのか、普遍的な理論なのかを検証する必要がある。私はよく「理論」と「持論」という区別をしますけれども、「松下幸之助がこう言った」というのは、あくまでも彼の「持論」なんですね。普遍性が証明されてはじめて「理論」になるんです。

世界の経営学では、なるべく普遍的に多くの企業に応用できるような一般法則を探究することが科学的な態度であると考えられているので、数百社、数千社、あるいは数万社にのぼる企業のデータを集めて、その理論法則を統計的に検証することがとても重視されています。

池上　「松下幸之助がこう言ってるから」と深く考えずにマネをする経営者なんて、たくさんいそうですけどね。

入山　おっしゃる通りです。たとえば、トヨタ自動車のノウハウを法則化して紹介した本はよくベストセラーになりますよね。ただ、これについても「トヨタだからできるんじゃないの？」と疑う必要があるんですね。

池上　では、トヨタの「かんばん方式」が出版社の本づくりにも応用できるとなれば、これは普遍的なものになる？

入山　かんばん方式を使って作業をしているのは、当然、人間ですよね。人間がこういう行動をとって、結果として組織はこういうふうに機能するんだということが理論化されて、その理論はトヨタだけでなく、出版社にも、銀行にも当てはまるんだとデータ的に実証されてくると、だんだん科学に近づいていくイメージです。

池上　「人間」がポイントなんですね。

入山　そうです。人間はどのように行動するのか。人間が織りなす組織は、どのように行動すると、うまくいったりいかなかったりするのか。これを探究するのが経営学の本質です。経営学は「人間と組織の学問」であると言えます。

■「腹落ち」こそが人を動かす

入山　世界の経営学で重視されている考え方の一つに、「センスメイキング理論」（sensemaking）というものがあります。ミシガン大学のカール・ワイクという組織心理学者が提示したもので、一言で言うと「腹落ち」の理論なんです。より厳密に言えば、「組織のメンバーや周囲のステークホルダーが、事象の意味について腹落ちして、それを集約させるプロセスをとらえる理論」のことです。

池上　腹落ち、つまり深く納得するということですか？

入山　はい。人はセンスメイキング（腹落ち）をするからこそ行動するし、それが人を動かす原動力になるんだと。このセンスメイキングこそが、現在の日本の大手・中堅企業に最も必要なのに、最も欠けているものだと思っています。日本でこういうことができるビジネスリーダーの代表格は、孫正義さんですね。未来へのストーリーを語ることで、ヤフー・ジャパンの立ち上げ、ソフトバンク上場、Yahoo!BBの普及やボーダフォン日本法人の買収など、客観的に見たら不可能の連続だったことを成し遂げてきました。

これは私の理解ですが、変化が激しくて先の見えない時代には、厳密な正確性よりも、「きっとこれが正しい」と信じ込ませて人を引っ張っていくことが重要になると思うんです。たとえば、ある組織のリーダーが、「一〇年後、二〇年後にはこんな組織にしたいよね。こんな社会をつくりたいよね」というビジョンを示して、メンバーたちに腹落ちをさせることができれば、その組織はドライブ（前進）する。

■イスラム国の指導者が「カリフ」を名乗った理由

池上　組織の人間に腹落ちをさせて一つの方向に引っ張っていくと聞くと、さっそく宗教の話をしたくなりますね。

入山　いや、実際のところ宗教に通じる話だと思います。

池上　イスラム国（ＩＳ）の指導者だったアブー・バクル・アル＝バグダディが、「自分が新たなカリフである」と宣言したことがあったんですよ。「カリフ」とはムハンマドの後継者の称号です。カリフ制度は、ムハンマドが亡くなった後に誕生し、オスマン帝国崩壊後の一九二四年に廃止されていましたが、バグダディはそれを九〇年ぶりに勝手に復活させた。「カリフ」を名乗ったということは、世界のイスラム教徒に対して忠誠を求めるということ。つまり、イスラム世界統一の野望を明らかにしたわけです。

バグダディの本名は、実はまったく違います。「アブー・バクル」というのは、初代カリフで、ムハンマドの親友でもあり、義父（ムハンマドの三番目の妻の父親）にあたる人物の名前なんですね。「アル＝バグダディ」は「バグダッド出身の」という意味です。だから、単なる偽名なんですけれども、「あっ、カリフが復活したんだ！　ムハンマドの後継者なんだから彼に従えば間違いないんだ」と思い込んだ連中が殺到して、ＩＳは急激に勢力を伸ばした。ＩＳの支配地域は最大時にはイギリス本国と同じ程度にまで広がり、域内の人口は約九〇〇万人に達しました。これなんかはまさに腹落ちと言えるんじゃないでしょうか。

入山　まさにそうですね。ＩＳもセンスメイキングで急拡大したのですね……。バグダディには、それだけの能力やカリスマ性があったんですか？

池上　彼はもともと、それほど知識は持っていなかったと言われているんです。それがイラクでアメリカ軍に捕まって収容所にいる間に、他の連中から影響を受けて、人脈も築いていった。出所するときにはガチガチの活動家に変貌していたんですね。

入山　結果的に、他人を腹落ちさせられる人物になっていたと。

池上　はい。ただし、「イスラム国」も「カリフ」も自称であり、イスラム世界で正統と認める動きはありませんでした。反ＩＳで世界が協力することになり、ＩＳは勢力を縮小し、カリフを名乗っていたバグダディも死亡したと見られています。

しかし、ＩＳが完全に消滅したわけではありません。二〇二四年三月にロシア・モスクワ近郊で起きたテロ事件への関与も疑われています。

■テスラやスペースXは「イーロン・マスク教」

入山　私は、ある有名なカリスマ経営者の方から、「経営は宗教と変わらないよ」と言われたことがあるんです。その方いわく、「あそこの会社も、あそこの会社も、みんな宗教だ」と。創業者もしくは創業家のことを、社員が信じているんですね。だからこそ組織がまとまって、いろんなチャレンジができて、イノベーションが起きる。みんなが腹落ちをしているから、組織がドライブするんです。

池上　誰もが名前を知っている、ある日本の大企業のOBたちは、「死んだら一緒に入りましょう」ということで、合同でお墓をつくっているんですよ。会社のみんなで永遠の眠りにつこうと。

入山　家族はどうするんですか？

池上　家族も含めてみんなでそこに入るんです。

入山　いやあ、宗教ですね（笑）。

池上　そうなんです。「死んでもみんなと一緒にいたいと思うくらい熱い気持ちがあるから、ウチの会社は成功したんだ」って彼らは言うんですけど。

入山　日本に限らず、たとえばテスラやスペースXは、完全に「イーロン・マスク教」ですね。「教祖」である彼の宗教観というか世界観にみんなが共鳴するから、人が集まってくる。その意味で、強い会社と宗教ってそんなに違いがないと思うんですよ。

池上　イーロン・マスクの下で働くのは大変なんですよね？

入山　まあ、そこで働いていた方の話をうかがった限りでは、ブラック企業的な働き方のようです（笑）。その方から聞いたのですが、テスラではイーロン・マスクの機嫌が悪いと、「ちょっと来い」と言われて部下が彼の部屋に連れていかれるらしいんですね。これを「ミッドナイト・エクスプレス」と呼ぶそうなんです。「ああ、彼はミッドナイト・エクスプレスに乗っちゃったね」って周りの社員はヒソヒソ話をしている。で、翌朝にはその部下の机はなくなっているという。こんなことが普通にある会社です。

池上　それでも彼の下で働きたいと思う人が、たくさんいる。

入山　センスメイキング理論では、正確性よりも、他人に信じ込ませることが重要だというお話をさきほどしました。イーロン・マスクはその典型だと思うんです。彼の言っていることはけっこうムチャクチャなわけですよ。「人類を救うために火星に行こう」とか。

でもそれが、今風の言葉で言うと「共感性」を高めるからこそ、人が集まってくるんじゃないか。

池上　夢があるってことですか？

入山　わかりやすく言うと、そういうことですね。いまコンプライアンスとかハラスメントとか言われる時代ですが、アメリカのスタートアップ企業では、ある意味でムチャクチャなことがどこかで許容されているわけですよね。マスクは、グーグル共同創業者のセルゲイ・ブリンの妻と不倫して、ブリン夫妻はそれが原因で離婚したと「ウォール・ストリート・ジャーナル」に報じられましたが、そういうムチャクチャな人だからこそ、イノベーションを起こせるのかもしれません。

こうやって夢を語って周りに腹落ちをさせる経営者は、日本の特に伝統的な大手企業にはまだまだ少ない気がします。これは私自身の問題意識としても強くあって、そういうタイプのリーダーにもっと出てきてほしいと思っているんです。

池上　もしイーロン・マスクみたいな人が日本にいて、「電気自動車をつくるんだ。そのあと火星に行くんだ」って言ってたら、「こいつバカじゃないの？」って話になって、潰されていたような気もしますね。そういった日本の風土の問題もありそうです。

■「江副教」から脱したリクルート

池上　過去を振り返ってみても、企業が急激に成長するときって、なんとなく新興宗教めいたところがあったように思います。一九八〇年代初頭、リクルート（旧・日本リクルートセンター）がようやく銀座に本社ビルを建てたころに、私はあの会社の人たちとずいぶん付き合いがありました。当時はもう完全に「江副教」でしたね。

創業者の江副浩正さんを崇拝する信者たちですから、残業時間なんてまるで気にせずに、ひたすら営業成績を上げようとする。大口の契約が決まると、垂れ幕を掲げて、くす玉を割って、みんなで「おめでとう！」って盛り上がる。大学のサークルみたいだとも言われていたんですが、あれは新興宗教が急激に信者を増やして大きくなっていくのと非常に構造が似ていたと思います。

入山　いやあ、とても興味深いお話です。私は江副さんの時代のことはまったく知らないんですけれども、いまのリクルート（リクルートホールディングス）とは少しお付き合いがあるんですね。いまのリクルートは非常にガバナンスと経営がしっかりしている会社で、会長の峰岸真澄さんはものすごくグローバルな感覚を持っている素晴らしい方です。

たとえば、テレビで「仕事さがしはインディード」ってCMをやっていますよね。インディードはもともとはアメリカで創業したベンチャーで、峰岸さんや当時の幹部が「いつかライバルになるはずだ」と判断して、早い段階で買収していたんです。結果的に世界ナンバーワンの求人検索エンジンに成長して、現在ではビッグビジネスになっている。峰岸さんのお話を聞いたことがあるのですが、本当にもうアメリカの大企業の一流経営者と同じような印象なんですよ。

池上　昔を知る人間としては、信じられないような変化ですね。

入山　社員はいまもすごく元気があって、やはりある意味「リクルート教」なんです。でも私が重要なポイントだと思うのは、もはや「江副教」ではないということです。彼ら彼女らはリクルートの文化は好きだけれども、江副さんというかつての教祖のことはあまりよく知らないし、はっきり言ってそれほど興味がない印象です。リクルートはどこかのタイミングで、新興宗教的な段階からうまく転換できたんでしょう。

池上　それは一九八八年のリクルート事件ですよ。江副さんがリクルートの子会社で未上場のリクルートコスモス株を政財官の関係者に配って利益供与したとされて逮捕され、戦後最大の疑獄事件といわれました。

入山　なるほど。やっぱり、そうですよね。

池上　江副さんがメディアの追及を受けて会長を退任したことで、会社が存続の危機に陥ったわけですよね。結果として、ガバナンスが強化されることになった。ここでうまく切り替えることができたんだと思いますね。

■創業者を信じているホンダ、トップダウンのトヨタ

入山　リクルートと比較して興味深いのは、ホンダ（本田技研工業）かもしれません。ホンダの社員は、少なくとも中堅から上の世代の人たちは、いまでも創業者の本田宗一郎のことが大好きなんです。ただ、私からすると、本田宗一郎のレガシーを引きずりすぎているようにも感じる。スーパーグローバル企業なんだから、本田宗一郎の理念はすごく重要だけれども、もっと内部コミュニケーションや統制のしっかりした組織に転換する必要があるのでは、と思うこともあります。特に最近は、ホンダでも若手はそれほど本田宗一郎への憧れなしに入社しているようなので、ますます転換期なのではと思っています。

一方で、少なくとも中堅から上の世代は本田宗一郎が大好きだという共通点だけを頼りに、あとはみんなが好き勝手やっているところがホンダの魅力でもあります。実は、私が

アメリカに留学して経営学者になろうと思ったきっかけが、ホンダなんです。三菱総研というシンクタンクに勤めて自動車メーカー向けの調査やコンサルティングみたいなことをやっていたころからお付き合いがあったんですが、「こんなに内部の情報コミュニケーションが十分にとれていなくて一見グチャグチャな組織が、どうしてこんなにヒット車を出して儲かっているんだろう?」って不思議で仕方がなかった。この謎を解き明かしたくて、経営学者の道に進んだところがありますね。

池上　キリスト教にたとえてみると、ホンダは「プロテスタント型」なんじゃないですか。ご存じの方も多いと思いますが、プロテスタントのルーツは宗教改革です。権力を独占し、次第に本来の教えから逸脱するようになったカトリック教会に対して、ドイツの神学者マルティン・ルターが「本当のキリスト教徒ではない」と批判した。この動きに参加した人たちが「プロテスタント（抗議する人）」と称されるようになったんですね。伝統的なカトリックの場合だと、ローマ教皇がトップにいて、世界中の信徒は指示に従います。ところが、プロテスタントはローマ教皇の言うことなんて聞かない。ローマ教皇の言うことは聞かないけれども、イエス・キリストを信じていることには変わりがない。

入山　ホンダの社員も、本田宗一郎を信じてることには変わりがない（笑）。なるほど。

面白い。このたとえで言うと、トヨタは「カトリック型」ですね。トヨタは内部の統制がものすごくとれている。創業者である豊田喜一郎さんの直系の孫で、三代目にあたる豊田章男さんが会長ということもあってもちろん社長の佐藤恒治さんもいますが、かなりトップダウンの体制でやってきた印象です。

章男さんは社長に就任した翌年、二〇一〇年にアメリカでの大規模リコール問題を受けて米議会公聴会に出席しました。その直後の社員報告会で、章男さんが涙ぐむという「事件」が起きた。企業のトップが泣いたことに対してアメリカのメディアでは「経営者らしくない」と批判もありましたが、日本のトヨタ社員の間には「俺たちが章男さんを助けなきゃいけない」という感覚が生まれ、求心力が高まったといいます。

また、企業の変革という点でみると、トヨタはソフトバンクと提携するなど、日産やホンダに比べてかなり大胆な手を打っている印象です。トヨタの経営陣が強い危機意識を持ち、ダイナミックに動いていけるのは、会長になったとはいえ、未だ章男さんに圧倒的な求心力があることが大きいはずです。

■ウクライナ戦争は子会社と孫会社の争い？

池上　キリスト教のたとえだと、もう一つ、「東方正教会型」もあるでしょうね。宗教改革よりもずっと以前、ローマ帝国が東西に分かれた結果として、西はカトリック、東は東方正教会に分裂しました。ロシアや東欧諸国を中心に広まった東方正教会は、それぞれ国ごとに独立した正教があるんですね。いちおうコンスタンティノープル総主教という人がいて、精神的なリーダーとして尊敬されてはいるんだけれども、各教会はその人の言うことを聞く必要はない。ロシア正教、セルビア正教、ジョージア正教と、それぞれ独自に発展していった。

入山　会社にたとえると、もともとは属人的で、トップダウンで統制を効かせていた「カトリック型」の組織だったけれど、ホールディングス型の会社にしたら、だんだん中心がぼやけていって、子会社の現地法人が好き勝手なことをやり始めたパターンですね。どうして東方正教会は、国ごとに独自に発展することになったんでしょうか？

池上　西側では政治的リーダーの皇帝と、宗教的リーダーの教皇が分かれていたんですが、東側では皇帝がそのまま宗教的リーダーになった。結果として政治と宗教が一致する形になったので、一つの教会が国境を越えて勢力を広げることはなかったんですね。

ただ、例外もあって、ウクライナ正教とベラルーシ正教は、長らくロシア正教の管轄下にありました。プーチン大統領が「ウクライナもベラルーシも元々はロシアなんだ」と言ってますけど、ロシア正教の立場で言うと「その通り」なんです。ロシア正教のキリル総主教は、二〇二二年二月、ロシアがウクライナに侵攻したときに「祝福」を与えたんですね。つまり、ロシアのキリスト教のトップが他国への侵略を認めるだけでなく、「よくやった！　ウクライナをやっつけてくれ」と全面的な支持を与えたわけですから、世界の教会関係者は憤激しました。

入山　たしかにムチャクチャな話ですよね。

池上　ちなみに、キリル総主教はプーチンと同じサンクトペテルブルク（当時の名称はレニングラード）出身で、一九四六年生まれ。二〇〇九年に総主教の座につきましたが、二五歳でKGBの工作員になったとイギリスの新聞「タイムズ」が報道したことがあります。

では、なぜキリル総主教はウクライナ侵攻を祝福したのか。ウクライナ正教の一部が、ロシアのクリミア併合に反発して「なんで我々はロシア正教会の下にいなければいけないんだ」と二〇一八年一二月に独立を宣言したからです。この動きに対して総主教は許せないと激怒し、独立を承認したコンスタンティノープルの総主教庁との関係も断絶しました。ロシア正教下のウクライナ正教会には信者が約五〇〇〇万人いましたが、ウクライナ侵攻で

■キリスト教諸派のおもな違い

	カトリック	プロテスタント	東方正教会
指導者	ローマ教皇（法王）	統一的な指導者は存在しない	総主教、大主教、府主教
聖職者	司祭（女性の聖職者は認められない。妻帯は不可）	牧師（教派によっては男女ともなることが可能）	司祭（女性の聖職者は認められない。一部は妻帯可）
特徴	ローマ教皇を頂点とするピラミッド構造。原則として離婚は認めない。	聖書中心主義。正当な理由があれば離婚を認める。	ロシア正教やギリシャ正教など地域ごとに総主教がいて、独自に活動。
信者の多い国	イタリア、フランス、スペイン、ポルトガル、フィリピン、ブラジル、メキシコなど	イギリス、ドイツ、オランダ、アメリカ、北欧諸国など	ロシア、セルビア、ジョージア、東欧諸国、中東諸国など
信者数	約13億9000万人	約5億人	約2億6000万人

■キリスト教の分裂

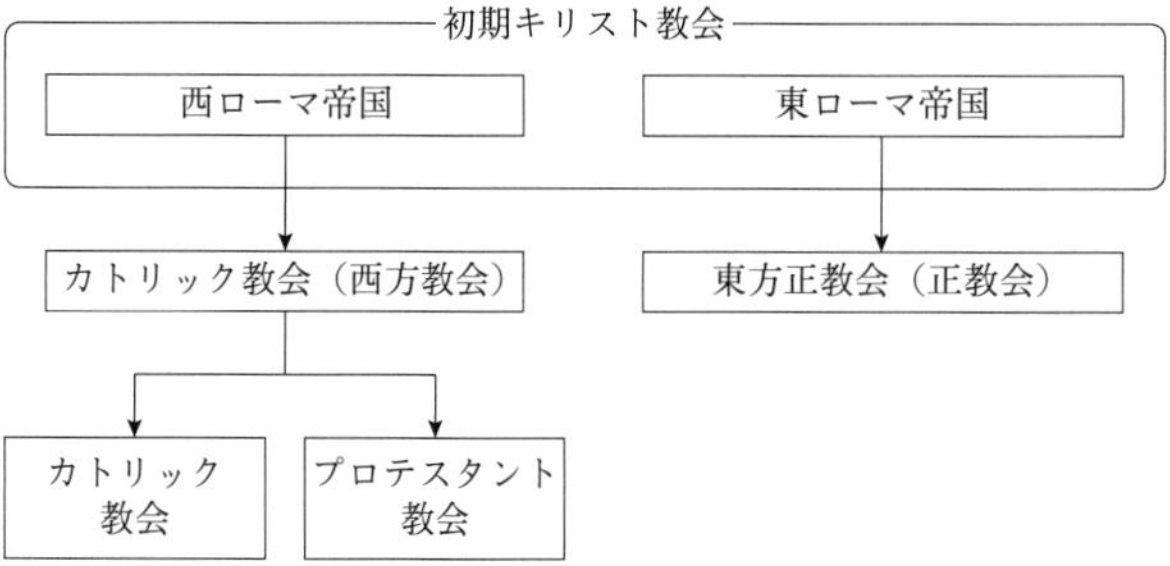

多くの信者が離脱。一方、独立したウクライナ正教会の信者数は約一五〇〇万人だそうです。

こうやって見てみると、ウクライナ戦争は、どこまでがロシア正教のエリアになるかというマーケット争いの要素もあるんですよ。

入山 そうか、なるほど。東方正教会の視点では、ロシア正教が子会社で、ウクライナ正教は孫会社ですよね。孫会社にあたるウクライナ正教内部の反乱によって、子会社にあたるロシア正教のマーケットが奪われてしまった。だから子会社が反撃に出たと。東方正教会は、関連会社の統制ができないホールディングス会社みたいなものですね。

池上 ロシアがウクライナに侵攻したばかりの頃、BBCやCNNの記者が、首都キーウの金色に輝く尖塔の前でレポートしていました。あそこをなんで選んだのかというと、あの教会はロシア正教会の管轄下のほうだからです。ロシアは攻撃しないだろうと記者はわかっていたわけです。

■ローマ教皇の人選はマーケット戦略

池上 マーケット争いの話で言うと、いま、カトリックはものすごく危機感を持っていると思うんです。ヨーロッパのカトリック教徒はどんどん減っていて、力を失ってきている。結果的に、ヨーロッパからローマ教皇を選出できなくなっています。

入山　いまの教皇のフランシスコって、たしかアルゼンチン出身ですよね。

池上　南米にはまだカトリックの強固な地盤がある。そして、今後発展の可能性があるのはアフリカなんですよ。アフリカのキリスト教徒の数は、すでに南米を上回っているというデータもある。いずれ黒人の教皇が生まれるかもしれないと言われているんです。

入山　既存事業をやってる人間をトップにしても成長が期待できないから、いちばんマーケットが伸びそうなデジタル分野ができるCEOを選んだほうが儲かるぞ、みたいな感じですか（笑）。

池上　その通りです（笑）。いやいや、宗教をこういう視点で見たことはなかったので、非常に面白いですね。一方でプロテスタントや東方正教会は独立分散型ですから、それぞれの場所でそれなりに勢力を維持できているわけです。

■プロテスタント型が生み出したホンダジェット

入山　「カトリック型」とも言えるトヨタは、創業家の出身者が、いつも何か新しい事業を始めるんですね。そもそもトヨタは祖業が佐吉翁の豊田自動織機ですね。自動車の製造に乗り出したのは、現会長の章男さんの祖父、喜一郎さんです。そして喜一郎さんの息子で、章男さんのお父さんの章一郎さんは、住宅事業に進出した。トヨタホームですね。で、章男さんは「GAZOO（ガズー）」というインターネットと連動した情報提供サービスを始めた。ただ、時代が早すぎたのか、あまりうまくいかなかったんですが。

池上　最近はサブスクリプションサービスの「KINTO（キント）」も始めましたよね。

入山　そうですね。いまトヨタがやっている実験都市「Woven City（ウーブン・シティ）」も、率いているのは章男さんの息子の大輔さんです。うまくいくかどうかはともかく、こうやって本家の後継リーダーが積極的に新しいことにチャレンジする、あるいはそういう姿を社員やステークホルダーに見せるのが、宗教組織としてのトヨタが強い理由の一つかもしれません。

対照的に、「プロテスタント型」のホンダは、あくまで私の印象ですがトヨタと比べて、歴代の社長をみると社長の力が弱い時がある。だいたいホンダっていう会社は、いつも派閥争いみたいなことをしていまして。まず、東京・南青山にある本社と埼玉県和光市にある研究所の仲が悪いと言われてます。

■「プロテスタント型」「カトリック型」それぞれの特徴

プロテスタント型	カトリック型
イエス・キリストを信じているが、ローマ教皇の言うことは聞かない	ローマ教皇がトップにいて、世界中の信徒は指示に従う
独立分散型	トップダウン。大企業経営的
カオス状態で統制がとれていない	内部統制がとれている
現場からイノベーションが起きる	トップが新しいことにチャレンジする

池上　いかにもありそうな話だ。

入山　それでいま、いちばん儲かっているのは実は四輪自動車ではなく、二輪、オートバイなんですね。なのでオートバイ関係者の鼻息が荒い。したがって二輪と四輪の関係もあまりよくない。グチャグチャなカオス状態で統制がとれていない会社なんですが、そのまま放っておくと、なぜかときどき大ヒット商品が出てくるんです。ホンダって、会社がこのままだとヤバそうな時に何か出てくるんですよ。たとえば一九八〇年代初頭にヒットしたシティとか。

池上　かわいい車でしたよね。

入山　はい。その後のオデッセイとか、最近なら軽自動車のN－BOXもそうです。そして何よりホンダジェットですね。

池上　はいはい。三菱重工業のMRJ（三菱リージョナルジェット、後に三菱スペースジェット）は失敗しましたけど、ホンダジェットは大成功しましたね。

入山　あれは藤野道格《みちまさ》さんという技術者の方が、四〇年近く前からアメリカのノースカロライナ州の田舎で研究開発していたんです。こう言ったら失礼なんですけれども、本社からは半分忘れられかけていたんじゃないかな（笑）。なかなかうまく飛ばなくて苦労していたときに、胴体の後部につけていたエンジンを翼の上につけたらピューッと飛んだという。よくも悪くも統制がとれていない、プロテスタント型のホンダならではのエピソードだと思います。

　自動車業界も大変革期なので、カトリック型が勝つのか、プロテスタント型が勝つのかは、とても注目したいところですね。

第二章　イノベーションのためには、宗教化が不可欠

解説　なぜ企業の宗教化がイノベーションを引き起こすのか

入山章栄

本章では、日本企業がイノベーションを起こせない原因と、起こすための条件を池上さんと探るとともに、現状からの打開策を議論した。

本章の対談でも、経営学の大事な概念と理論が、新しく二つ登場する。対談をお読みいただく前にその二つ、「両利きの経営」「レッドクイーン理論」について解説し、また池上さんとの対談を通じて得た、宗教からのヒントも語っておきたい。

■イノベーションの基本理論が「両利きの経営」

言うまでもなく、イノベーション創出は、日本企業だけでなく、世界中の企業の課題となっている。イノベーションとは技術的なものだけではない。「企業が新しく世の中に価値を生み出す」ことは、なんでもイノベーションと捉えていただきたい。

日本が平成の「失われた三〇年」を経験した最大の理由は、日本企業にイノベーション創出力が足りなかったからだと私は考えている。一九九〇年代のバブル崩壊を経て多くの企業が縮小均衡におちいり、それまで現場改善を中心とした「日本型経営」の強みとされてきたものが、大胆なイノベーションが必要な時代にむしろ足かせとなったのだ。

イノベーションの重要性は、今後さらに加速する。これからの変化の激しい時代は、絶えずイノベーションを起こす企業でないと生き延びられない。逆にいえば、イノベーションを絶えず起こせる企業には、明るい未来が待っている。とはいえ、それは容易ではない。だからこそ、多くの日本の経営者・ビジネスパーソンから、イノベーション創出に最大の注目が集まっているのだ。

世界の経営学で、イノベーション創出のメカニズムを説明する最も有名な理論が、「知の探索・知の深化の理論」である。日本では「両利きの経営」の名称で知られている（ちなみにこの命名者は、私である）。まず、この理論を解説しよう。

◎本書で学ぶ経営理論（2）：知の探索・知の深化の理論（両利きの経営理論）

一九八〇年代頃から、認知心理学を重視する経営学者たちから提示されてきた理論。代表的な研究者は、スタンフォード大学教授のジェームズ・マーチなどである。

イノベーションの原点は言うまでもなく、新しい知・アイデアを生み出すことだ。新しいアイデアがなければ、新しいことはできない。では新しい知・アイデアはどうすれば生み出せるのか。これについて、「イノベーションの父」と呼ばれた経済学者ヨーゼフ・シュンペーターは、九〇年ほど前に「新結合（ニューコンビネーション）」という概念を提唱した。この考えによると、「新しい知とは常に、『既存の知』と別の『既存の知』の『新しい組み合わせ』で生まれる」のだ。

これは言われてみれば、当たり前といえる。人間はゼロからは何も生み出せない。みなさんも何か新しいことを思いついたときは、この世に既にある、しかしまだ組み合わされていない何かと何かを組み合わせているのだ。たとえば「この素材の開発は止まっていたが、今度はこういう製品アイデアと組み合わせてみよう」「この企画は前はうまくいかなかったが、今度はこういうお客さんと組み合わせてはどうだろうか」といった感じである。

ここで障壁になるのが、人間の認知が狭いことだ。現実世界はとても広いが、人・組織は認知に限界があるので、どうしても目の前にあるものだけを組み合わせる傾向がある。結果、しばらくすると、目の前の知と知の組み合わせが尽きてしまうのだ。図表1は、それをイメージしたものだ。

|図表1| 人の認知の限界

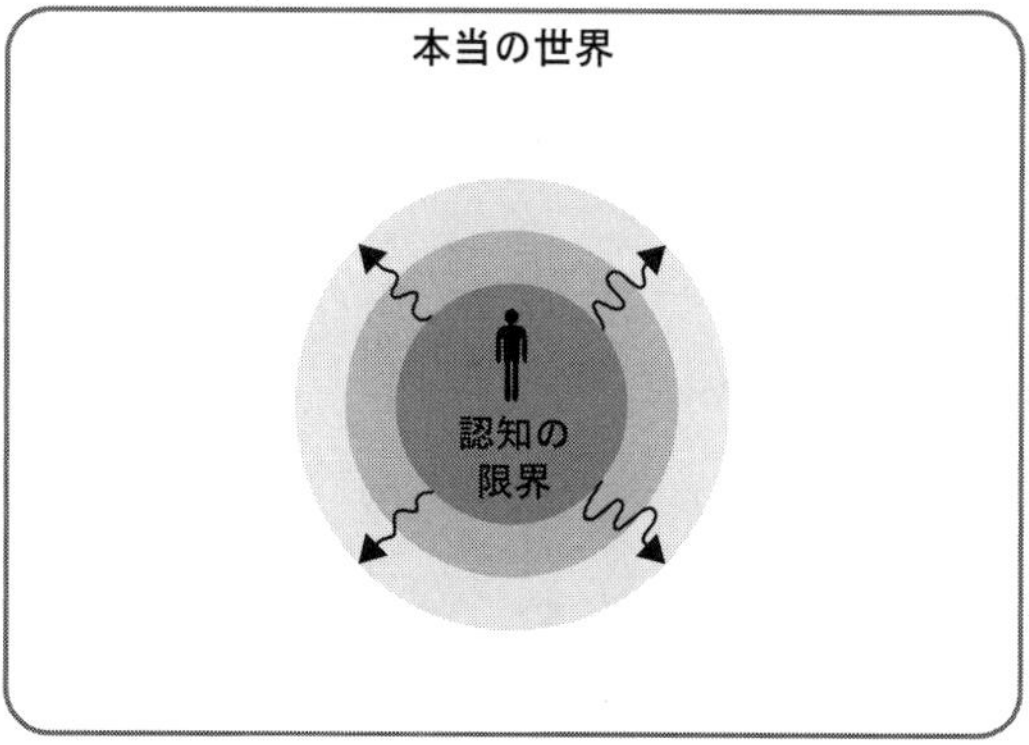

『世界標準の経営理論』より。人間の認知はとても狭いので、本当の世界は見られていない。少しずつでも認知を広げることが求められる。

　したがってイノベーションを起こすには、自分の認知の限界を超えて、遠く幅広いところをまで見渡す必要がある。遠くにある今まで触れてこなかった知と、いま自分が持っている知などを、新しく組み合わせるのだ。このように人・組織の認知を遠くへ広げ、離れた知と知を組み合わせる行為を、経営学では exploration と呼ぶ。私は「知の探索」と名付けている。

　一方、企業は収益を上げる必要がある。そのためには「探索」をして新しく組み合わせて、うまくいきそうな知・アイデアがあるなら、それを効率化し、深掘りし、安定化させて収益を上げなければならない。これを経営学では exploitation と呼び、私は「知の深化」と名付けている。

このように企業がイノベーションを起こして行くには、両面が重要なのだ。まず「知の探索」で遠くの離れた知と知を組み合わせる。他方、「探索」の結果うまくいきそうなものが出てきたら、徹底して深掘りして効率化する（「知の深化」）。経営学ではこの両方をバランスよく行うことを ambidexterity と呼ぶ。私は「両利きの経営」という訳語をあてた。図表2のグレー色の矢印が、それを示している。

いまやこの「両利きの経営」という言葉は、日本企業にかなり浸透している。多くの大手企業の経営会議で、この言葉が頻繁に使われているようだ。この「両利きの経営」という訳語を作ったのは私だが、考え方そのものは私のオリジナルではなく、世界のイノベーション研究で長年、最重要視されてきた理論なのである。

■多くの企業が「知の深化」に偏りすぎている

しかしここで、さらなる問題が出てくる。なぜなら一般に、企業は「深化」に偏る傾向があるからだ。これは企業の本質でもある。第一に、先ほども述べたように、人や組織の認知にはそもそも限界があり、「目の前の知」を見てしまいがちだ。第二に、「探

|図表2|イノベーションの理論：両利きの経営

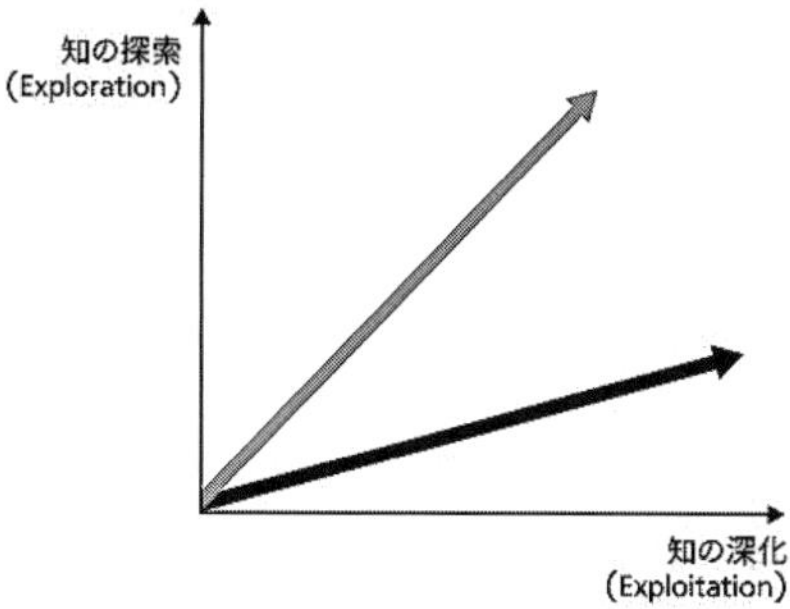

『世界標準の経営理論』より

索」は時間やコストがかかる。自分の認知を超えて遠くを幅広く見るのは、時間も、人も、余分なお金もかかる。第三に、「知の探索」は遠くの知を組み合わせてみることだから、失敗も多くなる。結果、効率性を重視したい企業にとって、「探索」は無駄に見えてしまうのだ。

いま日本の伝統的な大手、中堅企業の多くでイノベーションが足りないと言われる。そうなのであれば、経営学的にはその理由は明快なのだ。多くの日本企業が、「知の深化」だけに偏りがちなのである。図表2の黒色の矢印がそれを示したものだ。

ではどうすれば、企業はこの傾向を脱して「探索」を続けられるのだろうか。その様々な施策については、拙著『世界標準の経営理論』や、私が監訳した『両利きの経営』などをお読みいただきたい。

ここでは、池上さんとの対談で話題となった、特に重要な視点に絞って解説しよう。それは、前章のセンスメイキング理論のことなのである。

前章で述べたように、センスメイキングとは、不確実性の高い時代に経営者と社員が遠い未来の進むべき方向感に足並みをそろえ、腹落ちすることだ。

そして、これが「両利きの経営」に不可欠なのだ。先にも述べたように、企業が「知の探索」を続けるのは大変だ。無駄に見えるし、失敗も多いからだ。でもその時に、経営者や社員の多くが、自分たちの進むべき方向感に腹落ちがあったらどうだろうか。その場合、「うちの会社は『知の探索』をやって、投資もなかなかうまくいっていない。でも我々が作りたい未来の方向感は腹落ちできているのだから、めげずに続けていこう」となるのである。

一方で、経営者や社員に未来への腹落ち感がないと、「知の探索」は続けられない。少しでも失敗すると「探索」が無駄に見えて、すぐ腰折れし、「深化」だけに偏るのである。

このように考えると、日本企業でイノベーションが起きにくい理由、一方でネスレやシーメンスなどのグローバル企業がどんどん新しいことをやりながらも収益をしっかり上げている（＝イノベーションを起こし、その果実を得ている）理由がわかるのではないだろうか。日本企業の多くは、センスメイキングすなわち宗教化が足りないのだ。

近年は、イノベーション以外にも、DX、ダイバーシティ、人的資本経営など、様々な施策が議論され、企業に導入されている。私もこれらの施策には賛成だ。ただ、より本質的な意味で日本企業に足りないのは、「宗教化」なのだ。センスメイキング（宗教化）が浸透しない限り、企業は遠い未来への腹落ちができない。結果、リスクが取れず、「知の探索」ができず、「両利きの経営」が徹底できないので、イノベーションが創出されないのだ。

■トップの任期の短さが足かせに

日本企業が宗教化する上で、カギは何か。私から一つ重要な論点を挙げたい。これは特に大手・中堅の伝統的な企業（特に上場企業）に向けてのものだが、これらの企業の最大の課題は、経営トップの在任期間が任期制になっており、しかも短いことだ。

たとえば大手上場企業の中には、社長の任期が二年二期あるいは三年二期などと決まっているところが多い。しかし、よく考えて欲しいのだが、自身の任期が最長四年と決まっているトップが、長期の未来への腹落ちをさせることが可能だろうか。どう見ても、自分の任期内のことしか考えられないので、センスメイキングは不可能なのだ。教祖の在位が四年で終わると決まっている教団では、信者は腹落ちできないのである。

実際、私の周りでイノベーションを引き起こしている日本企業は、トップの任期が長い。だからトップが遠い未来の視点を持つことができ、社内外に自分の描く遠い未来を浸透させ、腹落ちさせ、結果として社員が「知の探索」を行い、やがてイノベーションを生んでいくのだ。

たとえば大阪に本社を置くロート製薬は、イノベーションを起こしながら今もどんどん成長している。元々は目薬など医薬品中心の企業だったが、少し前からはスキンケア分野に参入して、「機能性スキンケア製品」というイノベーションを起こしている。女性の方なら、オバジ、メラノCC、肌ラボなどのヒット製品をご存じだろう。あれらはロート製薬の製品だ。同社は利益率も高い。株価の目安であるPBR（株価純資産倍率）も、一以下の大手日本企業が多い中で、ロート製薬は二〇二三年に四を超えた時期もあった。

実は私は同社の社外取締役なのでよくわかるのだが、なぜロート製薬がこれだけのイノベーションを生み出せるかというと、経営者から社員までが同社のやるべきこと、作るべき未来に腹落ちし、「知の探索」を絶え間なく続けていることが大きい。いい意味で、宗教化しているのである。

一方、このような反論があるかもしれない。「でも、トップの任期を無制限にすると、やがて独裁化するのではないか」という懸念だ。その通りだ。そして、だからこそコーポレートガバナンス（企業統治）改革が重要なのだ。

昨今注目のコーポレートガバナンスだが、私の理解では、その最大の要諦は「業績を上げられず、『知の探索』もできないトップを、社外取締役が解任すること」である。社外取締役の最大の仕事は、社長・CEOの選解任だ。だからこそ社外取締役は、数だけでなく、質が重要なのだ。「知の探索」ができる社長ならどんどん応援し、長期で政権を任せる。他方、業績がどうしても上がらず、「知の探索」もセンスメイキングもできないならその社長を思い切って解任する。この胆力が、社外取締役に求められているのだ。

この意味で、本書は企業の宗教化が重要と述べているが、ただ宗教団体の真似をすればいいのではない。ガバナンスを徹底化することで、現代的な「規律のとれた宗教」を目指すべきなのだ。

◎本書で学ぶ経営理論（3）：レッドクイーン理論

もう一つ、経営理論を解説しておこう。本章の池上さんとの対談では、「テレビ局の編成部門が、他局の二番煎じのような番組ばかりを作りたがるせいで、面白い企画が生まれない」という話題が登場する。これは、「レッドクイーン理論」（red queen theory）という経営理論に当てはまる典型的なケースといえるだろう。この理論もまた、企業イノベーションに大いに関係している。

レッドクイーン理論は、一九九六年にスタンフォード大学のウィリアム・バーネットが提唱した。簡単に言うと、「企業はライバルと競争して、切磋琢磨《せっさたくま》すれば成長できる」というものだ。「相手が成長すれば、自分も負けじと努力して成長し、すると相手もまた刺激を受けて成長し、今度はまた自分が……」ということである。

ちなみに、なぜこの理論が「レッドクイーン」と呼ばれるのかというと、それは、英国の作家ルイス・キャロルの小説『鏡の国のアリス』に登場する「赤の女王」が発した「あなたが本当に他の場所へ行きたいなら、いまより二倍速く走らなくてはならない」

というセリフがきっかけになっているからだ。

このセリフにちなんで、生物進化学では捕食関係にある生物種同士が競い合って進化しあう循環を、「レッドクイーン効果」と呼ぶのだ。この視点をバーネットは企業進化に応用したのである。捕食関係にある生物の進化と同じように、企業も互いに切磋琢磨し、競争することが互いの進化を促す、という視点なのである。

しかし、興味深いのはここからである。バーネットは一二年後の二〇〇八年に発表した論文で、ある意味で、先と真逆の議論を展開したのだ。すなわち、「同僚やライバルと競争して切磋琢磨することは、本当の意味での成長のために必ずしもいいことではない」ということだ。

ポイントは、社会・ビジネス環境の変化がより激しくなったことにある。このような状況で、目の前のライバルばかりを意識して競争をしていると、やがて競争そのものが自己目的化してしまい、競合相手だけをベンチマークとするようになる。結果、細かな製品スペックなど小さなレベルでの成長しかできなくなり、大きな環境変化が起きたときに対応できない、というわけだ。

「両利きの経営」でいえば、目の前のライバルとの競争だけを意識すると「知の深化」

だけをやるようになり、大きな変化に必要な「知の探索」へ経営資源が割かれなくなる。結果、環境変化が起きると対応できずに壊滅する、ということだ。

日本でのわかりやすい例が、ガラパゴス携帯（いわゆるガラケー）だ。一九九〇年代、日本のメーカー各社は切磋琢磨してガラケーの高機能化を進めていたが、それは細かなスペックだけの競争であった。しかし、二〇〇〇年代後半にスマートフォンが登場すると、海外メーカーに一気に市場を奪われてしまった。国内のライバルだけを見過ぎた結果、狭い領域での競争だけを意識するようになり、それが裏目に出たのだ。

このように考えると、繰り返しだが、やはり大事なのはセンスメイキングなのだ。すなわち意識すべきはライバルではなく、「自分たちが腹落ちする未来へのビジョン」なのである。遠い未来に目を向けて競争すれば、「知の探索」を続けることができて、大きな環境変化が起きた際にも、それにうまく乗ってさらに飛躍することができるだろう。改めて、企業の宗教化がやはり重要なのである。

では、ここからまた池上さんとの対談を楽しんでいただこう。

■ホンダやソニーは「知の探索」をしていた

池上　第一章の最後で、ホンダは統制がとれていないのに、ときどき大成功するという話がありました。ホンダジェットをつくった藤野道格さんは、おそらく研究開発が面白くて仕方なかったんだろうと思うんです。かつてのソニーもそうですけど、ひたすら面白がっている人たちがいて、思いもよらない発想をもとに革新的な製品をつくってきた。でも、会社の規模が大きくなると、突拍子もないことをやろうとする人はどうしても少なくなる。最近の日本企業がイノベーションを起こせない原因は、このあたりにある気がしますね。いかがですか？

入山　おっしゃる通りです。イノベーションを起こすには、新しいアイデアを生み出して、新しいことにチャレンジしなくてはなりませんが、それができなくなっています。

新しいアイデアというのは、既存のあるアイデアと別のアイデアのかけ合わせで生まれるものなんですね。つまり知と知の組み合わせで新しい知を生み出すわけです。この知の組み合わせを、経済学者のヨーゼフ・シュンペーターは「新結合」と言いました。

ところが、人や組織は認知に限界があるので、どうしても目の前にあるものを組み合わせてしまいがちになる。すると、組み合わせの種が尽きてしまう。だから幅広く世界を見渡して、なるべく遠くの、かけ離れた知と知を組み合わせることが大事になります。これを経営学では「エクスプロレーション（exploration）」といい、私は「知の探索」と呼んでいます。

かつてのソニーやホンダの人たちは、小さな町工場でワイワイと意見をぶつけ合いながら、まさに「探索」をしていたと思うんです。藤野さんもアメリカの田舎で、自動車と飛行機の技術を組み合わせて「探索」をしていたことでしょう。

そして「探索」の結果、「これはうまくいきそうだ。儲かりそうだ」というポイントが見つかったら、今度はそこを深掘りして磨き込む「エクスプロイテーション（exploitation）」が重要になります。私は「知の深化」と呼んでいます。

この「知の探索」と「知の深化」をバランスよく行う人・組織は、イノベーションを起こせる可能性が高い。世界の経営学で広く主張されている組織理論で、英語では「アンビテクスリティー（ambidexterity）」と言うのですが、私はこれを「両利きの経営」と名付けました。

■「知の探索」はコスパが悪い

池上　しかし、日本企業は「知の探索」をやらなくなってしまったと。

入山　はい。会社の規模が大きくなると自由な発想は失われがちですし、そもそも一般的に、人や組織は「探索」を避けて「深化」に偏る傾向があります。遠くにあるものを幅広く見渡すには当然、時間もお金もかかりますから。

池上　コスパが悪い。

入山　そうなんです。しかも失敗も多い。だから効率性を重んじる組織は、どうしても「深化」ばかり追求してしまう。しかし、儲かりそうな場所を深掘りすることだけをやっていると、短期的にはよさそうに見えても、長期的には新しいアイデアが生まれなくなって行き詰まります。現在の日本は「イノベーションが足りない」と言われているわけですが、その根底には、多くの企業が「両利きの経営」のバランスを失って「深化」に偏りすぎている問題があると思うんです。

池上　日本の大企業の社員って、偏差値が高くて有名な大学を卒業しているという、まあ同じようなタイプの人ばかりですよね。ダイバーシティ（多様性）に欠けている。これじゃ突拍子もないアイデアなんて生まれるわけがない。それこそイーロン・マスクや、アップルを創業したスティーブ・ジョブズみたいな人は、どうしたって出てこないですよ。せっかく面白い人がいても、「こいつ空気読めねえな」みたいな話になってしまう。

入山　日本企業の多くでイノベーションが生まれない理由はそこにあります。失敗を許さない文化を持っているからです。しかし、失敗することは、経営学的に見ても決して悪いことではありません。「失敗は成功のもと」というように、人は失敗したことで「知の探索」をするからです。

たとえば、スティーブ・ジョブズは典型的な「知の探索」人間でした。アップルはデザインに定評があり、特にフォントが美しいとされていますが、これはジョブズが学生時代に学んだカリグラフィー（西洋書道）がルーツです。彼は本業から遠く離れたことにいろいろ関心を持ち、それをたくさん組み合わせていました。だから、音楽ソーシャルネットワークサービスの「Ｐｉｎｇ（ピング）」など、実は失敗の数も膨大でした。

池上　そういった多くの失敗があったからこそ、一方でｉＰｈｏｎｅなど大ヒットも生まれたということですね。

入山　はい。イノベーションの源泉は、新しいアイデアを生み出すことです。知を持っているのは人間なので、多様な人がひとつの組織にいたほうが、離れた知と知の組み合わせが起こりやすくなり、より「知の探索」につながります。

でも「知の探索」は失敗も多いから、くじけやすく、つい「知の深化」ばかりやりたくなる。そこで、「探索」を続けるために重要なのが、第一章でお話しした「センスメイキング理論」です。「腹落ち」をしていれば、踏ん張ることができる。何を目指すべきか納得ができているので、方向性がブレる心配も少なくなります。

センスメイキング理論によると、そもそも腹落ちは行動しない限り生まれません。やる前に計画や分析をしても、自分では納得していないことが多いわけです。とりあえず行動して試行錯誤して、そして後で振り返ってみることで「あ、こういうことだったんだ！」と、自分自身が腹落ちするストーリーができるんです。

■二番煎じをやりたがるテレビ局の「編成官僚」

入山　池上さんが関わってきた放送業界はいかがですか？「両利きの経営」は行われていますか？

池上　ははは、よくぞ聞いてくれました（笑）。たとえば「編成官僚」という言葉があるんですね。放送局では、どんな番組をつくって放送するかを編成という部署で決めるんですが、ここがまるで官僚のようになっているんです。

たとえば、ある民放の局では、現場が新しい番組を提案すると、編成から「他局でいうとどんな番組？」って聞かれることがあったんですよ。他局がやっていない企画だから提案しているのに、編成官僚は責任を問われたくないから、むしろヒットした番組の二番煎じをやりたがる。だから、「他局のこの番組みたいな感じです」って提案すると、編成官僚は「ああ、ヒットしているね。じゃあやろう」って喜んだそうです。これじゃ面白い番組なんて生まれるわけがない。

入山　他局の企画をやるほど恥ずかしいことはないと思いますけどねえ。これは経営理論でいうと、典型的な「レッドクイーン理論」(red queen theory)です。簡単に言うと、「ライバルと競争して切磋琢磨することは、成長のために必ずしもいいことではないかも」という考え方です。同じ業界の競合他社に勝つために、ライバルのマネをしたり、ちょっとよいスペックにしたりしていると、ガラパゴス競争に陥ってしまう。

わかりやすい例を挙げると、ガラケー(ガラパゴス携帯)です。一九九〇年代当時は、国内の携帯電話メーカーがスペック競争を繰り広げていましたが、二〇〇〇年代後半にスマートフォンが台頭すると環境が一変してほぼ全滅してしまいました。

ところで、編成はテレビ局のエリートが行く部署なんですか？

池上　エリートコースですね。赤坂にある放送局の編成官僚は東京大学の出身者ばかりみたいですし。

でも放送業界って、昔はそんなエリートが来るような場所じゃなかったんです。たとえば、お台場にあるテレビ局なんかは、かつては学歴に関係なく、「とにかくテレビが三度の飯よりも好きだ。番組をつくるのが面白くて仕方がない」っていう人が集まっていた。彼らが革新的な番組をどんどん生み出した結果、視聴率トップに躍り出たんですね。ところが、そうやって視聴率が上がって会社のイメージがよくなると、東大卒も入ってくるようになって、いろんなことが官僚的になる。斬新な企画が出たときに、「いやいや、それはやめておけ」みたいな話になっちゃうんです。

入山　組織に多様な人がいるということは、多様な知が集まっているということですよね。経営学の視点でも、多様性の尊重は、まさに知の探索の効果的な手段なんです。

かつてのお台場のテレビ局は、手っ取り早く「知の探索」ができる環境だったんだと思います。だから新しいアイデアがどんどん生まれて、経営面では業績のアップにつながった。ダイバーシティの重要性がよくわかるエピソードです。

■書店は「知の探索」にうってつけの場所

池上　依然として日本企業の多くは「知の探索」が足りていない。この状況を打破するには、どうしたらいいんでしょうね。まずは個人として何かできることはあるんでしょうか？

入山　ポイントは、「小さなことから始める習慣化」だと思います。

ビジネスパーソンの方とお話をしていると、「入山さん、いろんなものを幅広く見て『知の探索』をする必要があるのはわかったけれど、我々は忙しくてそんな余裕はない。どうすればいいんですか」とよく聞かれるんです。そんなとき私は、「書店に行って、目をつぶったまま本を一冊つかんでください。その本を買って帰って、最後まで読んでください」ってお伝えしているんです。これを習慣化すれば、日頃の自分の関心事とはかけ離れたものと触れる機会が増えて、「知の探索」ができるんですね。まずは、そういう小さいことから始めて、慣れるべきなんです。

池上　私も雑誌のコラムのテーマがなかなか見つからないときは、書店に行きますね。いろんなコーナーをただ眺めていると、突然ある本が「おいでおいで」をしてくる（笑）。よく「人の視線を感じる」って言いますけど、書店に行くと「本の視線」を感じるんです。

手に取ってみると、自分が探していたものとは全然違ったりする。でも、その本から思いがけないヒントが得られることがあるんですね。

入山　実に面白いですね。イノベーションのために重要なのは、物事を幅広く見て、ある意味で偶然の数を増やすことなんだ、とよく言われます。まさに書店に並んでいる本が偶発性をもたらすんですね。「知の探索」ですねえ。

池上　そうなんですよ。だからジャンルに関係なくいろんなものを読むわけです。雑誌のコーナーに行くと、『文藝春秋』の横に『軍事研究』なんていうのがあったりする。これも買っちゃうんです（笑）。そうすると、中国の軍拡とかウクライナ戦争とか、原稿のヒントになる情報がいろいろ手に入るんですね。

あと、いつも同じ書店に行くんじゃなくて、いろいろなお店をチェックするのが大事です。東京の神田神保町には個性的な品ぞろえの書店があって、ここに行くと「こんな本があるんだ！」っていつも発見がある。古書店の棚を眺めていても、学ぶことがたくさんありますね。地方に出張したときは、地元の書店に必ず立ち寄ります。

入山　地方でも書店に行くんですね。

池上　はい。郷土史の本とか、面白いものが見つかるんです。地方には、しっかりとした志を持った出版社が実はたくさんある。「頑張ってるな」っていつも思います。こうやって、あえて違う場所で「探索」をしていると、必ず得るものがありますね。

入山　なるほど……。私も地方の書店にぜひ入ってみようと思います。

■「創造性は移動距離に比例する」

入山　「ゴーゴーカレー」っていう金沢発祥のチェーンがありますよね。日本で二番目に大きいカレーチェーンで、レトルトカレーや学校給食にも進出し、ニューヨークなど海外でも店舗を展開しています。創業者の宮森宏和さんという方と私は親しいんです。彼の名言があって、私はこれが大好きなんですが、いわく「創造性は移動距離に比例する」。「知の探索」とは要するに人間の認知の幅を広げることで、いちばん手っ取り早い手段は、自分自身を遠くに移動させることなんです。実際、私の知っている優れたビジネスリーダーたちは、本当にいろんな場所へ移動します。かくいう池上さんも、取材で世界を飛び回っていらっしゃると思います。これって大事なことですよね？

池上　そうですね。別の場所に移動することで得られる発想力は、間違いなくあります。

入山　宮森さんは、ニューヨークにいたかと思うと、インドにいたりする。一時期は、ゴーゴーカレーをインドに出店するということも考えたらしいんです。金沢がルーツのカレーがインドに出ていくという謎の展開なんですよ(笑)。で、「入山先生、僕、いま、インドで準備してるんです」なんて連絡が来る。「大丈夫か、この人」って思うときもあるんですけど。

池上　でも、その行動力や情熱って、迫力がありますよね。インドに出店するビジョンにしても、訳のわからない面もあるけれど、夢がある。それこそ周りの人たちを「腹落ち」させられるんじゃないですか。

入山　まさに、そうだと思います。

■これからの企業は「宗教化」する

入山　日本企業の多くが「知の深化」に偏っているというお話をしましたが、そうなると目の前で短期的な利益が上がるだけで、イノベーションも起きないし、働いている人は息苦しいと思うんですね。社会が成熟する中で、若い人たちはお金以外の価値を求めている。終身雇用制という前提が崩れた社会では、いろいろな人材が自由に動くようになり、「この会社のカルチャーが好きだ」「この人と働きたい」といった感覚で職場を選ぶことが増えています。
　だからこそ、経営者が、社員を「うちの会社はこういう方向でやるんだ」と腹落ちさせるセンスメイキングがますます重要になっているんです。こうした変化を受けて、最近の日本では、いい意味で「宗教的」な会社が出てきていると思います。たとえば、アウトドア用品で知られているスノーピーク。

池上　ああ、しばらく前に社長の交代劇があった……。

入山　そうでしたね。ここはある意味「スノーピーク教」なんです。ここは従業員だけでなく、熱心なお客も自分たちを「スノーピーカー」って呼ぶんです。創業者を崇拝しているとかではなくて、みんなスノーピークの製品やコンセプトの圧倒的なファンなんです。結果的にみんなの方向性が揃っているから、面白い仕組みができて、新潟県三条市にある本社は観光地としても整備されている素敵なところで、ここをお客さんが訪ねることを「聖地巡礼」と呼んでいます（笑）。

池上　楽しんでやっている感じですね。

入山　はい。今後、こうした「企業の宗教化」が増えていくと思うんです。単なる金儲けではなくて、人の心を満たしてくれるような新しいビジネス、新しい組織がたくさん出てくるんじゃないか。

仕事のAI化が進むことで、それまで忙しく働いていた人たちが「なんでこんな大変なことをやらなきゃいけないんだっけ」と思うようになり、さらに「なんで私は生きているのか」と考えるようになるでしょう。そうすると、これからは、経営者のビジョンや理念に惹かれる人たちが社員や顧客になる会社がますます、伸びていくだろうと私は考えています。これはある意味で宗教と同じなんですね。宗教を悪い意味で言っているわけではなく、これからのいい会社はより宗教化していくのは間違いないと思っているんです。

■若者を集める宗教的ベンチャー企業

池上　スノーピーク以外にも日本にそのような会社はありますか。

入山　たとえばわかりやすいのは、バイオテクノロジー企業のユーグレナですね。「人と地球を健康にする」という教義を掲げた宗教のような存在と解釈することもできます。社長の出雲充さんに惹かれて、既存の会社に満足できない若い人たちが「この会社は素敵だ」「これを信じれば自分の心が救われるかもしれない」という思いを抱いています。

この会社はまだ業績が苦しいこともあるのですが、上場企業でなんと株主の六割以上が個人株主です。ユーグレナの思想が好きだという圧倒的なファンが株を買い、製品を買い、ここで働きたいと応募してくるんです。

世界的に若者の宗教離れが進んでいるそうですが、その一方で宗教的なベンチャー企業が若者を集めているというわけです。

池上　なるほど。

入山　いま、キリスト教など世界的に、若者の宗教離れが進んでいますよね。宗教学者の島田裕巳さんによれば、高度経済成長期に発展した日本の新宗教は会員が高齢化し、信者数が激減しているそうです。また、ヨーロッパやアメリカでは無宗教の人が増え、日曜のミサや礼拝に通う人が減って、キリスト教の教会の経営が成り立たなくなり、モスクに売却することもあるといいます。これは、既存の宗教団体が、「いかに生きるか」を問う若者の受け皿となりえていないのだと思います。つまり、伝統的な宗教では、若者たちをセンスメイキングできない部分が出てきている。

それに代わる存在として、新しい宗教が出てくるという考えもありますが、実は私は、崇高なビジョン、理念を掲げた「宗教的な企業・ベンチャー」が宗教の代わりを果たしだしているのだと理解しています。何もかもが流動的で、先の見えない時代の中で、日本ならスノーピークやユーグレナが掲げるようなビジョン、理念に救いを感じる若者は、さらに増えていくでしょう。伝統的な宗教から信者が離れているのであれば、逆に民間企業の宗教化が進むのは、ある意味では必然なんですね。

第三章　どんなビジネスも最初は「カルト」

解説　カルト宗教の行く末は、ベンチャー企業の進化論に学べる

入山章栄

本章では、若いベンチャー企業（スタートアップ企業ともいう）と、戦後に急成長した創価学会を引き合いに出しながら、宗教の成長論を池上さんと議論する。第一章、第二章が宗教の視点から経営への示唆を得る側面が強かったのに対し（宗教の理解↓経営・ビジネスの理解）、本章は経営理論を切り口にして現代宗教を読み解くのが特徴だ（経営理論↓宗教の理解）。

いま世界では、間違いなくベンチャー企業が経済の牽引役になっている。二〇二四年六月時点でのアメリカの時価総額ランキングを見ると、上位一〇社のうち実に八社が創業五〇年以内の若い企業である。Googleは一九九八年設立なので創業して四半世紀程度だし、TeslaやFacebook（現Meta）は創業二〇年程度だ。したがって世界の経営学では、ベンチャーの進化・成長のプロセスを解き明かす研究が多く蓄積されてきた。

そして、本章で池上さんとの対談を通じて発見したこととは、そういったベンチャー企業の成長理論を応用することが、一般に「カルト」「セクト」と呼ばれる新興の宗教団

体の進化プロセスの理解にもつながる、ということだ。みなさんの中には「カルト」という言葉に、抵抗を覚える方もいるだろう。しかし、たとえば米決済サービスのベンチャーであるPayPalを立ち上げた、世界的な起業家・投資家であるピーター・ティールは、以下のように述べる。

究極の組織のメンバーは、同じ組織のメンバーとしかつるまない。彼らは家族を無視し、外の世界を遮断する。だけど、それと引き換えに強い仲間意識で結ばれ、普通の人が否定するような神秘的な「真実」に到達する。そんな組織はこう呼ばれる——「カルト」。（中略）

最高のスタートアップは、究極よりも少しマイルドなカルトと言っていい。[1]

では、そもそも「カルト」とは何だろう。この理解を助けるのが、カルトと他の宗教団体を整理した「チャーチ・セクト論」である。

1　ピーター・ティール、ブレイク・マスターズ〔関美和訳〕『ゼロ・トゥ・ワン　君はゼロから何を生み出せるか』NHK出版（二〇一四）

■チャーチ・セクト論

一九世紀末から二〇世紀初頭にかけて活躍した世界的社会学者マックス・ウェーバーなどの研究に端を発し、その後、アメリカのラインホルド・ニーバーなどの神学者や宗教社会学者によって確立されてきた宗教団体の分類法のこと。彼らの論では、宗教団体は以下の四つに分類される。

(1) チャーチ:「国教」になるなど、世間に広く正当化された特権を持つ宗教団体のこと。その社会で十分な正当性を持つ宗教として確立している。イタリアやフランスにおけるカトリックが代表例。

(2) セクト:チャーチと袂を分かち、分派した団体。宗教改革のときにカトリックと決裂したプロテスタントは、当初はセクトあるいは「カルト」と認識されていたはずだ。

（3）デノミネーション：セクトの中でも、次第に社会で認知され、一定の正当性を得た団体。たとえばカトリック色の強いフランスでも、国民の一%はプロテスタントであり、「ユグノー」と呼ばれる。現代フランスではユグノーに対するカトリックの敵対心も薄れ、社会的に認知されているので、ユグノーはデノミネーションに該当するといえる。

（4）カルト：セクトの中でも、特に教義の内容が純化・先鋭化し、結果として時に反社会的と受け止められ、社会から正当性を得られにくい宗教団体。

この分類を踏まえると、ベンチャー企業は「究極よりも少しマイルドなカルト」というピーター・ティールの主張も、理解できるのではないだろうか。ベンチャーは新しい技術・アイデア・ビジネスモデルなどを社会に提供するために生まれる。規模も小さく、「セクト」あるいは「カルト」にあたる。そして、その技術・アイデア・ビジネスモデルが革新的であればあるほど、その時代の主流派と対立しがちになる。結果、革新的なベンチャーほど、社会から正当な評価を受けにくい。まさに「カルト」である。

では、その宗教団体のセクト・カルトは、どのように成長・進化していくのであろうか。セクト・カルトがチャーチに至るプロセスはどう説明できるのか。経営学には、それを説明し得る理論がある。「エコロジーベースの進化理論」である。

◎本書で学ぶ経営理論（4）：エコロジーベースの進化理論

ノースカロライナ大学チャペルヒル校の経営学者ハワード・オルドリッチなどを中心にして打ち立てられてきた理論。「エコロジーベースの進化理論」というのは本書内での私の造語で、実際の経営学の英語では単に evolutionary theory（進化理論）と呼ばれることが多い。

なぜ本書で「エコロジーベースの」という言葉を加えたかというと、それはこの理論が、生物生態学を参考に作られているからである。経営学には、生物生態学のアナロジーを企業分析に応用する領域があるのだ。生態系における生物進化の過程のように、特定業界のベンチャー企業も一定のプロセスで進化する、とみなすのである。

生物の特徴とはなんだろうか。その一つは、生物は一度生まれると死ぬまでDNA配列（ゲノム）を変えないことにある。一度生まれ落ちた生物には、生きている間に大きな突然変異は起こらない。オタマジャクシは必ずカエルになるのであり、オタマジャクシが急にトカゲになることはない。

これを企業にたとえると、「一度生まれた組織は、ある程度その形が形成されると、以降その本質は大きく変化できない」ことになる。実際、企業組織には硬直性があり、企業内のビジネスのやり方には慣性（学術的にはinertiaという）がある。したがって、一度生まれた企業が業態を大胆に変え、全く違う業種に変わるのはきわめて難しいのだ。自動車メーカーが、銀行業で成功することは非常に難しい。スーパーマーケットが飛行機を作るのも不可能に近い。

このように企業を一つの硬直性のある「生物種」と捉えると、ダーウィンの進化論が応用できることになる。結果、業界内における企業進化のプロセスが見えてくるのである。それはVSRSプロセスと呼ばれ、以下の四つのフェーズに分かれる。特に本章を読み解く上ではフェーズ2が重要なので、そこだけ解説が長くなることをご容赦いただきたい。

VSRSプロセスのフェーズ1：多様化（Variation）

突然の環境変化などによって、多様な生物種が生まれるフェーズ。たとえば地球の歴史上では、五億四二〇〇万年前から五億三〇〇〇万年前に発生した「カンブリア大爆発」などが典型だ。最近のビジネス界でいえば、インターネットの普及でGoogle、Amazon、Netflixなど、爆発的な数の新しいビジネスが生まれたり、スマートフォンの普及により夥しい数のアプリのベンチャー企業が登場したことが該当する。二〇二三年から世界的に注目されている生成系ＡＩ技術は、いま世界でＡＩ関連ベンチャー企業のカンブリア大爆発を引き起こしている最中といえる。

VSRSプロセスのフェーズ2：選択（Selection）

多量に生まれた生物種の中で、時の環境に適応したわずかな種だけが自然界に選ばれ、生き残るフェーズ。それ以外の種は淘汰される。

たとえば首の長いキリンは、アフリカの草原で高木のアカシアの葉を食べることができた（アカシアは栄養価が高い）。他にアカシアを食べることができるライバル種がいなかったので、キリンは現代まで生き残ったという説が根強い。アフリカの環境に、キリンは選ばれたのである。企業で言えば、多様な技術・アイデア・ビジネスモデルの中でも、顧客ニーズなど時のビジネス環境にマッチした企業だけが選ばれ、他は淘汰されていくということだ。

さて生物種とは異なり、ベンチャー企業が社会から選択されるためには、もう一つ重要な側面がある。それは、社会的正当性すなわちレジティマシー（legitimacy）を獲得することである。なぜなら、先にも述べたように、まだこの世に生まれたばかりのベンチャー企業は、社会から異質なものとみなされがちだからだ。カルト宗教のように見られてしまうのである。だからこそ、その時代の社会常識に歩み寄って、「当社がやっていることは社会的に正当である」と広く認識させる必要があるのだ。

■ベンチャー成功のカギは、正当性（レジティマシー）獲得にある

たとえば現代のベンチャー企業にとって顧客の納期を守ることは、レジティマシー獲得の第一歩だろう。創業間もないベンチャー企業は人も仕組みも足りず、約束した納期を守れないこともある。しかしそれでは、どんなに技術力が高いベンチャーでも「この

会社は信用できない」と認識され、正当性を得られない。社会環境から選ばれないのだ。

したがってベンチャー企業は、その社会環境に合わせて、レジティマシーを勝ち得るための地道な作業が不可欠になる。安定して必ず納期を守る、顧客からクレームが来たら即座に対応する、コンプライアンスを徹底する……などがそれにあたる。これらを地道に継続することで、次第に社会的信用を得て、取引を増やし、投資や銀行融資を増やしていく。結果、当初は先鋭的だったベンチャーも、ある程度社会に適応するようになり、「マイルドなカルト」あるいは「デノミネーション」になっていくのだ。

時にベンチャー企業は、政治家、行政、メディアなどを巻き込むことも必要になる。これらのプレイヤーは、企業が社会的正当性（レジティマシー）を得る上で大きな役割を果たすからだ。

特に政治家や行政に民間企業が積極的に働きかけることを、ロビイングという。日本では「ロビイング」という言葉に、官民癒着のような薄暗いイメージを持つ方もいるかもしれない。しかしアメリカではロビイングは一大産業であり、ベンチャーの成功に欠かせないのだ。たとえば、Uberは二〇一五年時点で世界中で二五〇人のロビイストを雇っていた。民泊サービスのAirB&Bは八〇〇万ドルの予算を投じてロビイストを契約していた。

他方、日本の起業家のあいだでは、ロビイングの重要性が十分に理解されていない印象を私は持っている。実際、日本では専業のロビイストの数が少なく、私の認識では全員で数十名程度である（少数なので、彼ら彼女らは互いに頻繁に情報交換をしているようだ）。しかし、先に述べたように、ロビイングは社会的正当性を得る手段として非常に有用であり、今後の日本のベンチャー産業の成長にますます重要になるだろう。

そんな中、巧みなロビイングを仕掛け、レジティマシーを勝ち得ながらビジネスを普及させてきたベンチャー企業が日本にもある。電動キックボードのシェアリングサービスＬｕｕｐ（ループ）を展開するＬｕｕｐだ。

最近では日本各地で見られるようになった電動キックボードだが、当時は安全性への不安から懐疑的な意見が強かった。それに対して同社創業者の岡井大輝氏は、いきなりこのサービスを強引に展開することはしなかった。まず、警察庁や国土交通省に丁寧に働きかけて、「マイクロモビリティ推進協議会」という団体を、二〇一九年に他の複数社と設立することから始めたのである。

これは、「Ｌｕｕｐが電動キックボード事業を行いたいのは、同社の私欲ではなく、日本全体の交通の利便性を高めるためのもので、この事業は社会的な正当性がある」ということを政府に理解してもらうための手段だったといえる。協議会設立により大義を示したＬｕｕｐは、その後も政府と地道な交渉や実証実験を続け、徐々にレジティマシーを獲得して、事業の成功にこぎつけていったのである。

そして、このプロセスは宗教団体の成長の理解に、当てはめられるのだ。なぜなら宗教団体こそ、社会的正当性（レジティマシー）が最も不可欠な組織だからだ。

■カルト・セクトの成長のカギも、正当性（レジティマシー）にある

本章の池上さんとの対談では、戦後になぜ創価学会が成功したかを議論している。詳しくは対談をお読みいただきたいが、私が目から鱗《うろこ》だったのは、創価学会はそれまでの伝統的な仏教教義と異なり、「現世救済型」だったことだ。

歴史上の長い間、人類は寿命が短く、戦争や飢饉など命に関わる環境変化が起こることも多かった。そのような時代には、「人はなぜ死ぬのか」「死んだら、あの世で救われるのか」を考えるようになる。結果、「来世救済型」の宗教が広く普及してきたのだ。キリスト教も、イスラム教も、仏教の大多数の宗派も「死んだらどうなるのか」に応え

るものなので、来世救済型である。

対して、日本の戦後高度経済成長期は、急速な経済成長と医療技術の発達による長寿化の進展の中で、多くの日本人が明るい未来を感じ、「死んだらどうなる」よりも、「いかにいまを生きるのか」「生きている間に自分に良いことはあるのか」を考えるようになった。そこに「この宗教を信じれば、現世でいいことがありますよ」という現世救済型がちょうど嚙み合ったのだ。長い首のキリンがアフリカの草原でアカシアを食べるのにフィットしたように、創価学会の現世救済型教義が高度経済成長にフィットしたのである。

加えて、創価学会は社会的正当性（レジティマシー）の獲得にも注力した。公明党を通じて政界に進出していったし、対談の中で池上さんが語るように、他にも様々な手段で日本社会でレジティマシーを獲得していったのである。

では、長くなってしまったが、ＶＳＲＳプロセスの説明に戻ろう。

VSRSプロセスのフェーズ3：維持（Retention）

一定の自然環境の中で生き残った生物種は、そこで維持され、我が世の春を謳歌する。企業で言えば、その市場環境にマッチして生き残り、社会的正当性を得た企業は業界の主力企業となり、業績も向上する。ベンチャー企業のレジティマシーの獲得は、たとえば株式の市場公開（ＩＰＯ）という形で結実する。

宗教団体にも維持フェーズはある。戦後に急成長した新興宗教の中でも、一定の社会的正当性を獲得した創価学会は、日本中に普及していった。公明党は、いまや連立与党の政党でさえある。

VSRSプロセスのフェーズ4：苦闘（Struggle）

しかし、やがて環境は変化する。生物はＤＮＡ配列を変えられないので、環境変化に適応できず苦闘し、場合によっては死滅する。たとえば、マイマイガという蛾の一種がある。産業革命以前のイギリスでは、豊かな林の中などで目立たない明るい灰色のマイマイガだけが、鳥からの捕食を逃れていた。しかし一八世紀後半の産業革命以降のイギリスは大気汚染がひどく、マイマイガがとまる建造物の壁などが黒色になり、むしろ明るい灰色は目立つようになった。結果、明るい灰色のマイマイガは捕食されるようになり、消えていったのである。

企業も同様だ。環境が大きく変化すると、苦闘の時期を迎える。それまで快適だったビジネス環境に慣れており（inertia があり）、そこでレジティマシーを得てきたからこそ、自らが大きな変化をすることは難しい。やがて、淘汰される企業も出てくる。

これは宗教団体も同じだ。本章の対談では、現在の創価学会が新しい信者を獲得することに苦戦している様が、池上さんから述べられる。社会が不安定化する中で、現世救済型がフィットしなくなってきているのかもしれない。

このように、ベンチャー企業の成長過程と宗教団体の成長過程は、実に似た部分が多いのだ。どんな企業も宗教団体も、最初は「カルト」「セクト」なのだ。やがて、その時の社会環境にフィットした特徴を持ち、社会的正当性を勝ち得た企業・宗教団体だけが生き残り、最盛期を迎える。しかし環境が大きく変化すると、やがてそれまでのフィットや正当性が逆に災いし、苦闘していくのである。このように、企業の進化を説明するエコロジーベースの進化理論の視点を通すことで、様々な宗教団体がいまどのような状況に置かれているかも、理解しやすくなるはずだ。

特に現代は、環境や価値観の変化が激しい。この理由で特に昨今は、急成長したベンチャー企業や宗教団体でも苦境に陥りやすいのかもしれない。対談の終盤で池上さんと議論しているように、むしろ現代の我々は伝統的な宗教に代わる、新しい心の拠り所を求めている可能性もある。オンラインサロンや「推し活」が流行るのも、その顕在化とも捉えられる。現代こそ、「新しい形の宗教的なもの」を求める、新たなカンブリア爆発期に入りつつあるのではないだろうか。

では、池上さんとの対談に入っていこう。

■キリスト教は「カルト」だった⁉

入山　池上さんと宗教をテーマに対談を始めたのをきっかけに、私も自分なりにいろいろと宗教の勉強を始めたんですね。私は学者なので、どうしても類型化や、全体の大きなメカニズムに興味が出てきます。

そもそも宗教の研究は、一九世紀末から二〇世紀初頭にかけて活躍した世界的な社会学者であるマックス・ウェーバーやエミール・デュルケームがその祖と言えそうですね。その後、二〇世紀にさらに研究が発展し、たとえばアメリカを代表する神学者である、ラインホルド・ニーバーとリチャード・ニーバーの兄弟などによって、類型化が進んでいきま

■宗教組織の4分類

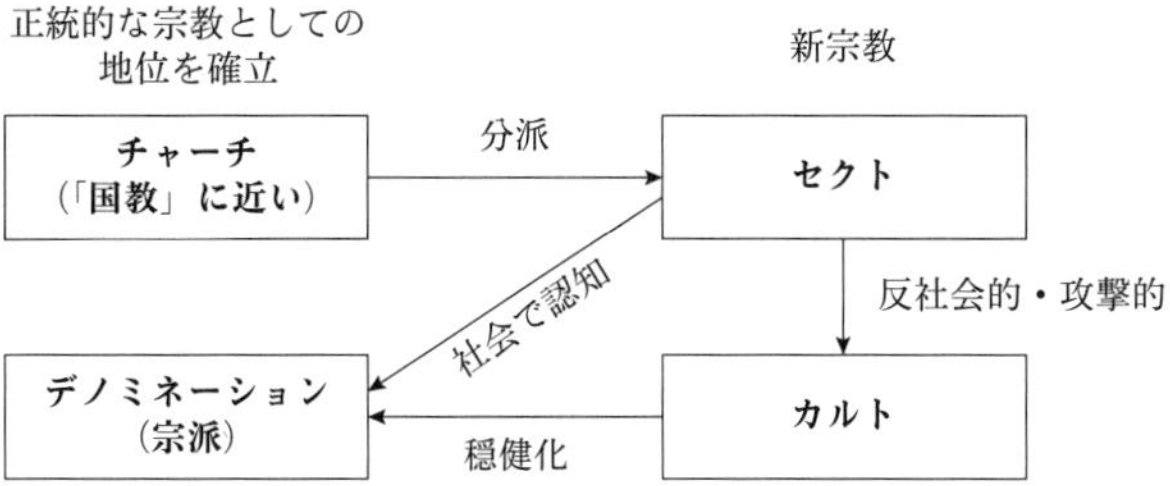

した。歴史上、途方もない数の宗教団体が生まれていますから、類型化は重要です。

この類型化はおおまかに、「チャーチ・セクト論」と呼ばれます。この論では、宗教団体は「チャーチ」「セクト」「カルト」「デノミネーション」の四種類に分類されます。

まず「チャーチ」は、いわば「国教」に近い存在までになった、世間に広く正当化された特権を持つ宗教団体です。ある社会の正当的な宗教として、十分に地位を確立している。しかし、そこから別の考え方を持った人たちが分派することがあります。それを「セクト」と呼びます。

また、穏健な「セクト」がやがて社会の中で認知されていくこともあり、それは「デノミネーション」と呼ばれる一つの宗派として落ち着きます。しかし、「セクト」が反社会的で攻撃性が強くなっていくこともある。それを「カルト」とみなします。さらに言えば「カルト」だったものが、やがて穏健化して

「デノミネーション」になったりすることもあるし、さらにいえば、やがて時を経て「チャーチ」に発展するケースだってないわけではありません。

そう考えると、キリスト教も最初は「カルト」だった可能性があるわけですよね。キリスト教はそもそもユダヤ教から派生したわけです。そうであるならば、当初は「セクト」あるいは「カルト」だったわけです。少なくとも当時の周りの人は、「キリスト教」という別個の宗教だとは思っていなかったでしょうね。

池上　おそらく、「ユダヤ教徒のはずなのに、何か変なことを考えている、とんでもない連中だ」みたいな認識ですよね。

もともとイエスはユダヤ教の改革運動をしていたわけです。ユダヤ教のボスたちが神の教えを理解していないと批判していたものですから、問題視されてローマ帝国に突き出された。最後は十字架にかけられて殺されました。その後、イエスが死後に復活したという話が広まると、彼こそが救世主だと考えるユダヤ教徒たちが出てくるんです。イエス・キリストとは、「救世主イエス」という意味ですから。このように考える人たちが、他のユダヤ教徒からキリスト教徒と呼ばれるようになった。だから最初は極めて少数の、特殊なグループだったんですよ。

彼らはローマ帝国の中で布教を始めて、次々と処刑されます。「殉教」と呼ばれました。「教えに殉じた」ということです。こうした弾圧を受けても、決して活動をやめなかった。他のユダヤ教徒やローマ帝国の側からすれば、彼らは「カルト」だったと思います。

入山　やがて長い時を経て勢力を拡大し、西暦三九二年にテオドシウス帝により、ローマの国教に定められます。こうして「カルト」として始まったキリスト教は、「チャーチ」にまで発展していったわけです。そう考えると、プロテスタントも一六世紀の宗教改革によって生まれた当初は、「セクト」あるいは「カルト」だったということですよね。それが、時を経るうちに「デノミネーション」になり、そして国によっては「チャーチ」になっていった。

■組織は誕生したときがいちばんイノベーティブ

入山　この議論と関連して、私が池上さんにご紹介したいのが、経営学の「エコロジーベースの進化理論」（以下、進化理論）というものなんです。これは、新しい産業が出現したときに、どうやってその中で組織群が進化し、やがて時間をかけて停滞していくかを説明するものです。

この理論は、それぞれの業界にある組織は「多様化（Variation）」「淘汰・選択（Selection）」「維持（Retention）」「苦闘（Struggle）」を順番に経験し、進化していくというメカニズムを提示しています。まず最初は、新しい技術の台頭などを契機に、多様なビジネスモデルをもったベンチャー企業などが現れます。その中で、その当時の社会環境にフィットした企業だけが選別され、他は淘汰される。そのプロセスを経て、選ばれた企業の存在は業界内で維持されるのですが、やがて環境がまた大きく変化してくると、なかなか変化に対応できず苦闘する、というものです。

この理論の示唆を端的に言うと、「組織は誕生したときがいちばんイノベーティブだ」ということになるんです。ベンチャー企業がまさにそうですが、企業組織というのは、最初の段階がいちばん斬新なんですね。とても面白い、新しい事業アイデアを起業家が思いつき、それを「面白い」と思う人たちが集まって少数でベンチャーは立ち上がるわけです。

そう考えると、カルト宗教はある意味でその時代では、良くも悪くもイノベーティブなベンチャーとも捉えられるわけですね。たとえば、新しい社会不安が生まれた時には、新しい宗教が数多く出てくる。それは、既存の宗教から分派したセクトであることも多い。その中でも、特に社会通念からみて過激な考えを持ったものが、カルトになります。逆に、社会の通念から逸脱した大胆な考えを持つものなので、イノベーティブであるともいえる。

池上　なるほど。

入山　でも、カルトはそのままでは発展できない。きちんと社会的に認めてもらえないと、投資家から投資をしてもらえないし、いい人材も集まらないわけです。

進化理論によると、ここで重要なのが、レジティマシー（社会的正当性）になります。新しい企業にとっては、もちろんビジネスモデルや技術が成功のカギにはなるんですが、いちばん重要なのは、一般社会から「この会社は正当である」と認知されることなんです。そうでないと、投資も受けられないし、人材も集まらない。顧客も、社会的に正当と思われない会社からは製品・サービスを買いにくい。

だからこそ、ベンチャーは「これが正当だよね」というその時代の社会通念感覚に自分たちを合わせていく必要があるんです。結果、現代の企業ならコンプライアンスをしっかりやるようになり、正当と思われる大手企業との付き合いをアピールしたりするわけです。上場（株式公開、IPOともいう）は、現代企業の社会的な正当化の到達地点ですね。

そうすると、その企業は社会の中で正当化されたので、長く生存することになります。

でも、その時代の社会的正当性に合わせて大人しくなっていくから、だんだんとイノベーティブではなくなっていくわけです。カルトだったものがデノミネーションになり、そしてチャーチになっていくわけですね。

こう考えると、できてから間もない初期のキリスト教も、あるいは宗教改革当時のプロテスタントも、宗教活動を行う上で社会的正当性を取り入れるステップを踏んでいったはずなんです。四〇〇年近い年月を経て、ローマの国教になるのはまさにその集大成ですよね。このように、カルトから始まったキリスト教は、正当性を得る活動を続けてチャーチになった。それによって、イノベーティブではなくなってしまった面もあったかもしれませんが。

池上　そうだろうと思います。こうやって宗教組織を経営学的に分析するのは非常に面白いですね。普段の私は宗教の教義そのものに注目してしまいがちなんですが、視点を変えて組織論から考えてみると、たくさん発見がありそうです。

社会的正当性に関して言うと、興味深いのは創価学会ですね。

入山　へえ、創価学会ですか。

池上　かつて創価学会の「折伏《しゃくぶく》」というものが大きな社会問題になったことがありました。

折伏とは、それこそ力ずくで無理やり信者にすることです。これによって学会の勢力が伸びた一方で、強引なやり方が社会問題になってしまった。嫌がって電柱にしがみつく人を引き剝がして連れて行くような手法が、批判されました。その後、世論に配慮して無理のある折伏はやらなくなっていくんです。「カルト」が穏健化していく過程と言えるかもしれません。

入山　なるほど。創価学会も日本社会で宗教団体として正当性を得て存続するために、「これは守らなくちゃいけない」という世の中の正当性の感覚を取り入れて、強引な手段は捨てていったわけですね。日本には、当時もさまざまな新しい宗教団体が出てきたわけですよね。それらはセクトであり、カルトだった。その中でも当時の創価学会は、社会的正当性を得るバランス感覚に優れていたということでしょうか。だから、日本でこれだけの大きい勢力になったと。

池上　そうですね。これはあくまでも私の見方ですが、公明党を結成して政治の世界に進出したのも、社会的正当性を確保するためだったんじゃないかと思うんです。

■創価学会の「座談会」は「ＱＣサークル」

池上　創価学会は、のちに初代会長となる牧口常三郎が一九三〇年に創設した創価教育学会が母体です。戸田城聖が二代目会長に就任した一九五一年の時点で会員数は三〇〇〇世帯程度でしたが、「七五万世帯を入信させる」という目標を掲げて「折伏大行進」という布教活動をはじめ、一九五八年には一〇〇万世帯を超えました。そして、一九六〇年に池田大作が三代目会長に就任し、公明党結成時の一九六四年には五二四万世帯にのぼったといいます。

入山　すごい成長ですね。

池上　急激に大きくなったのは高度経済成長の時期で、このころに地方出身の若者を大勢取り込んでいます。彼らを集めて毎月「座談会」というものを開くんです。信者たちが集まって、みんなで悩みを語り合う。リーダー格の人が悩みに答える。こうやって信仰を深めて、仲間との結束を強めていく。

　当時、たとえば中学校を卒業して集団就職で都会に出てきた人たちは、身寄りがまったくないわけですよね。「あそこに行けば悩みを聞いてもらえる。仲間が見つかる」と聞けば、とても魅力的に感じます。これは創価学会に限った話ではなくて、たとえば日本共産党の青年組織「日本民主青年同盟（民青）」も、同じように地方出身者を集めていました。「民青に入れば友だちができるよ。うまくすれば恋人ができるかもしれないよ」って。

入山　池上さんも民青に誘われたんですか？

池上　いえ、私の場合はなかったですね。

入山　一応、それはよかったと言った方がいいですね（笑）。

池上　確かに（笑）。いま思うと、創価学会の座談会って、企業の「ＱＣサークル活動（小集団改善活動）」みたいだなと思うんです。ＱＣサークルって、仕事が終わってから自主的に集まって、どうやって品質管理（クオリティ・コントロール）のレベルを上げるか話し合うわけですよね。これが企業人としての一体感やモチベーションを高めることにもつながる。座談会も、どうすれば自分たちの生き方がよくなっていくのか、彼らの言葉だと「人間革命」ということになりますけど、そういうことを一生懸命語り合って、一体感を高めているわけです。

入山　なるほど。確かによく似ていますね。

■高度成長期にフィットした「現世利益」

入山　私が池上さんとの対談を通じて宗教の勉強をするようになってわかったのは、宗教組織がうまく機能するには、少なくとも三つの役割をうまく果たすことではないか、ということなんです。

まず一つめが、共感性です。この対談で何度も出ていますが、センスメイキングですね。「この宗教を信じれば救われる」という心の拠り所になる腹落ちを与えることです。

二つめは、行動規範です。「こういうふうに行動しなさい」という指針をメンバーに示すこと。たとえばプロテスタントの場合だと、勤勉に働くことが行動規範の一つになりますよね。ただ人間は、心の底から腹落ちしていなければ、行動規範が習慣化しない。だからこそ、メンバーが納得できるようにセンスメイキングが重要なわけです。

そして三つめに大事だと私が気づいたのが、コミュニティとしての宗教団体の役割なんですね。さきほど池上さんが挙げた地方出身者の例から私もよくわかったのですが、人間は一人では生きられない。「人は死より孤独を恐れる」とも言います。だから誰しもが、何らかの形で所属できる場所を欲しているわけです。

池上　そうだと思います。特に創価学会の場合は「現世利益《げんぜりやく》」という考え方を提示したのが大きかったと思いますね。創価学会は、日蓮正宗という仏教の宗派の信徒集団から発展した団体ですが、本来の仏教は人生を苦しいものだと考えるわけです。生きることは苦しいから、修行をして解脱をしようという話になる。また、信徒数の多い浄土真宗の場合だと、「極楽浄土に往生する」と表現されるように、救われるのは基本的に死後になります。ところが創価学会の場合には、「人間革命を起こして、よりよい人生を送れるようにしよう。死後や来世ではなく、この世で幸せになろう」と考えるんですね。

入山　なるほど……創価学会は仏教から派生した「セクト」あるいは「カルト」として始まったわけですね。ある意味での、ベンチャー企業です。そして、現世救済型という革新的な考えを提示した、と。まさに当時のイノベーションだったのですね。

当時の日本は右肩上がりに成長していて、明るい未来を信じることができましたよね。そういう時代にフィットした共感性と行動規範を、創価学会は提示できたということですね。だからこそ、戦後に新興宗教が雨後の筍のように出てくる中で、創価学会は選ばれていったのですね。

■過激派の政治的セクト、そして旧統一教会

池上　では、現在はどうかというと、創価学会の会員世帯数は公称八二七万ですが、信者の数は頭打ちになっています。いま新たに学会へ入る人は、ほとんどが学会員の家で生まれた人、つまり二世、三世です。本当の意味での新規入会者は少なくて、全体としては高齢化が進んでいる。わかりやすいのが、参議院選挙の比例区での得票数ですね。学会員の人はほとんどが公明党に投票するわけですが、三年おきの選挙のたびに票数が減ってきている。会員数の減少が見てとれます。

入山　先の進化理論で言うと、現世救済型というイノベーティブな思想が当時の高度成長期にフィットした。やがて国政にも進出することで、レジティマシー（社会的正当性）を得た。公明党は与党になったし、ある意味で、チャーチにかなり近づいたわけです。そしてある程度の長期間、維持された。しかし、今は時代の変化に対応できず、苦闘の時期に入ってきている、と。

いまの創価学会は、現代の若者が求めている共感性や行動規範、あるいはコミュニティの機能を十分に提供できていないのかもしれませんね。

池上　私が大学に入った一九六九年の時点で、すでに若者は創価学会に入るムードではあ

りませんでした。その頃、キャンパスを牛耳っていたのが、慶應はフロントと中核派、早稲田は革マル派といった過激派の政治的セクトで、都会に出てきたばかりの孤独な学生たちを集めていたんです。

入山　過激派は、万人が共感できるかどうかはともかく、「革命」に向けたビジョンがあるわけじゃないですか。それに腹落ちした人が集まるわけですよね。その中で、「こうやって行動しろ」という規範も明確です。そしてそこは人が集まるコミュニティでもある。生き方に迷っている若者にとっては、魅力的なコミュニティに見える場合も多かったでしょうね。

池上　ところが一九七二年の連合赤軍あさま山荘事件など、いろいろな出来事があって、過激派は壊滅状態に陥ります。そこで勢力を伸ばしたのが旧統一教会の青年組織「原理研究会」でした。大学のキャンパスでは原理研と共産党の民青が新入生を奪い合って、トラブルを起こしたりもしていたんです。

入山　明るい未来を信じられた高度成長期には、創価学会の「現世利益」がフィットした。でも、だんだん社会の閉塞感が強まってきて、若者が宗教に求めるものが変わってきたということでしょうか？

池上　現世での未来に希望が持てないと、「いまは苦しいけれども、天国へ行くためにグッと我慢しよう」という考え方に向かう人が増えますよね。ある意味「マゾ的」というか、つらい思いをすればするほど信仰心が高まるケースもあったりするわけです。旧統一教会も、霊感商法だと言われて散々叩かれましたけど、叩かれれば叩かれるほど彼らの一体感や情熱は強まったのかもしれません。

入山　なるほど。「これは神が与えた試練だ」と。

池上　そうです。「サタンの仕業だ」と。彼らにとってメディアはサタンなんですよ。

入山　メディア人である池上さんもサタンに見えている（笑）。

■デジタル技術が生む「新しい宗教」

入山　現代の社会では、格差も拡大しており、ますます明るい未来が想像できない、と言う人が増えてきているかもしれません。他方で、宗教に救いを求める若者はだいぶ減っていると聞きます。今後、日本の宗教のあり方はどうなっていくんでしょうか？

池上　オウム真理教の事件もありましたし、旧統一教会の騒動もありましたから、若者が新興宗教に希望を見出すのが難しいのはわかります。伝統ある宗教のほうも、軒並み力を失っている。田舎に行くと、檀家の数が減ってお寺を維持できなくなっているケースをよく見かけます。仏教に限らず、キリスト教を含め既存の宗教全般がそんな状態です。少子化で、新たに供給される人材がそもそも少ないという問題もあるんですが。

入山　宗教団体の側に、「腹落ち」「センスメイク」をさせる力がなくなってきているのかなとも思うんです。若者が魅力を感じるビジョンを示せていない。でも、生きていく以上は、不安な心を救済してほしいと思っている人は当然たくさんいるはずです。

池上　書店に行くと、自己啓発本がたくさん並んでいますよね。自己啓発セミナーも盛んです。不安な心を宗教に救ってもらうのではなく、自助努力で、自分を向上させることで解決しようとしているのかなと思います。背景にあるニーズは同じでしょうね。

入山　私は、インターネット上のオンラインサロンなども似たような面があるかもしれないと思います。たとえば堀江貴文さんとか西野亮廣《あきひろ》さんとか、インフルエンサーというのは、ある意味では教祖なんですよね。これまでの時代と違うのは、デジタル技術のおかげで、自分の好きな教祖のところへ自由に行けるところです。

池上　なるほど。そう考えると、最新のテクノロジーを駆使して、いままでとはまったく異なる宗教が生まれる可能性もありますよね。心配なのは、それが危険なものにならないとは言い切れない点です。

入山　そうですね。人間は、何か信じられるものがないと生きて行きにくい。これから先の将来に高度経済成長は望めず、環境問題や社会問題がたくさん出てきているなかで生きていかなければならないというとき、おそらく新しい宗教的なものが求められているのでしょう。既存の宗教は、それに応えられないところも多い。

実際、欧米でも若い世代の宗教離れが進んでいるそうです。前章でも申し上げましたが、その代わりに、若者はスタートアップや社会起業家を信じて、そのコミュニティに自分の居場所を見つけようとしているのだと考えています。オンラインサロンもそうだし、ネット上のインフルエンサーもそうだし、アイドルなどへの「推し活」も似たところがあるかもしれません。

また、私が気になるのは、いまの不安な社会情勢だと、「現世利益」的な、この世で救われる方向よりも、来世での救済を打ち出したほうが心に響く人も増えていくかもしれないことです。伝統的な仏教、キリスト教やイスラム教は来世救済型ですから、時代が逆戻りしてきているとも言えますね。

もしそうとすると、ハルマゲドン的と言いますか、来世で救われるために過激な行動に打って出ようとするところが現れる可能性もあります。

池上　歴史的に見ても、争いや疫病、天変地異などで、人々の不安が強まった時代に宗教の勢力は拡大しています。たとえば日本では、政変が続いて不安定だった平安時代末期から鎌倉時代にかけて、多くの仏教の宗派が誕生しているんです。浄土宗、浄土真宗、時宗、日蓮宗、臨済宗、曹洞宗ですね。「鎌倉仏教」と呼ばれています。今後の日本国内の動向も、注意して見守る必要があると思います。

入山　なるほど……。第二章で「企業の宗教化」についてお話をしましたが、こうした宗教的ニーズも、企業の宗教化の背景にあるのかもしれませんね。不安定になってきている世の中で、既存の宗教が選ばれなくなってきて、逆に民間企業に対して、ある種の「救い」を期待する人たちが現れている。やはり、これからの経営者には宗教的なセンスが必要になってくるような気がします。

第四章

パーパス経営の時代こそ、プロテスタントの倫理が求められる

解説　ビジネスの行動原理は、宗教というOSで決まっている

入山章栄

第一章から第三章は、宗教と企業経営の共通点について、経営理論を土台にしながら読み解いてきた。対して第四章以降では、宗教が、私たちの日々の経済活動・ビジネスでの振る舞いに如何に深く埋め込まれているかを、池上さんと議論している。世界のすべての文化圏で、宗教は長い歴史を通じて蓄積され、知らず知らずのうちに私たちの行動に多大な影響を与えている。冒頭の「本書を手に取った方へ」で述べたように、宗教は我々の経済・ビジネス活動すべてのオペレーティング・システム（OS）なのだ。

実はこの対談シリーズでは、各対談の前に池上さんから、宗教に関する本を何冊か推薦していただき、私が対談までに読んでくるという「宿題」を出していただいた。結果、宗教について多少のインプットを得た後で私が持った問題意識を、池上さんに胸を借りるつもりでぶつける、という形で対談が進んでいったのだ（その推薦書のバラエティたるや！　池上さんの日々の膨大な読書量が想像でき、改めてすごい方だなと思った次第である）。

池上さんから推薦いただいた多くの本の中でも、特に印象深かったのが、歴史的名著であるマックス・ウェーバー（一九世紀末から二〇世紀初頭に活躍した社会学者）の著書『プロテスタンティズムの倫理と資本主義の精神』だ。まさに目から鱗だったのだ。

■『プロテスタンティズムの倫理と資本主義の精神』

そもそもマックス・ウェーバーは、「人の行動原理は、かなりの部分が宗教によって規定されている」と主張する。中でもウェーバーが『プロテスタンティズムの倫理と資本主義の精神』で展開した主張は、端的に言えば「禁欲的なキリスト教プロテスタント、特にカルヴァン派の思想が、イギリスやオランダ、あるいはアメリカの資本主義を発展させることに大いに貢献した」というものだ。

カルヴァン派の特徴は、「予定説」である。キリスト教では、死んだ後に神によって救済される人と救済されない人がいる。そして予定説では神が絶対的な権威を持つので、「誰が死後に神に救われるかは、神によってすでに決まっている」と考えるのだ。一方、現実世界でいま生きている我々人間は、誰が神に救われるのか事前にわからない。その不安ゆえに、逆説的だが、「自分が神に選ばれているはずだ」ということを示したいと考えるようになり、「ベルーフ（天から授かった職業）」に必死で取り組むのである。

そもそも一六世紀の宗教改革に始まったプロテスタンティズムは、堕落したカトリックへの批判から生まれており、神の権威が絶対で、聖書を重んじる。したがって、本来は非常に禁欲的である。にもかかわらず、プロテスタントの信徒が利潤の追求という経済活動にむしろ邁進するのは、一見矛盾している。

しかしウェーバーは、先のように敬虔《けいけん》なプロテスタントほど、「自分は神に選ばれている」という証明をしたいが故に、逆に経済活動に邁進するようになり、結果としてそれが現代資本主義の仕組みと合致し、イギリスやアメリカの経済を大いに発展させる下地となった、と主張したのだ。いうまでもなく、イギリスやアメリカはプロテスタントの数が圧倒的に多い国である。（英国国教会は儀礼はカトリック式だが、教義はプロテスタント色が非常に強い）。


本章の対談前半では、この『プロテスタンティズムの倫理と資本主義の精神』を宿題として読んだ私が、いま世界のビジネス界で注目されている「パーパス経営」との関連性を論じ、池上さんと議論を展開している。冒頭の「本書を手に取った方へ」や第一章でパーパス経営はすでに出てきているが、いま世界では、企業の社会的な「存在意義」を見つめ直す機運が出てきている。日本も同様だ。

ここには、第一章、第二章で述べたように、経営者が社員を巻き込んで自社の存在意義と未来への方向性に腹落ちさせ（センスメイキング）、それが持続的なイノベーションに資する「両利きの経営」につながる、という背景がある。そしてこの考え方は、そもそも原初的なプロテスタンティズムの中にOSとして入っていたのではないか、ということなのだ。

だとすると、キリスト教と無縁の日本企業にパーパス経営は難しいのだろうか。ところが実は日本企業こそ、プロテスタントとはまったく違う背景で、パーパス経営の素地が長らくOSとして刻まれてきた、と池上さんは述べる。アメリカでも、イギリスでも、日本でも、成功する企業の背景にはパーパス経営があり、ただしそれが異なるOS上で機能してきた、という池上さんの論は興味深く読んでいただけるはずだ。

では、本章は新しい経営理論も出てこないので、私の解説は手短にここまでとして、さっそく池上さんとの対談を楽しんでいただこう。

■人間の行動原理は宗教というOSで決まる

入山　第一章でお話ししたように、経営学とは「人間と組織の学問」なんですけれども、考えてみれば、企業活動よりも宗教活動のほうが圧倒的に歴史が長いわけですよね。「企業」の定義にもよりますが、世界最初の株式会社は西暦一六〇二年にオランダで設立された東インド会社です。最古の会社と言われる日本の金剛組も設立は西暦五七八年です。飛鳥時代ですね。それ以前にも、営利目的での企業的な組織活動はあったでしょうが……。

　それに対して、宗教は世界最初の啓示宗教と言われるゾロアスター教が紀元前一三〇〇年から紀元前七〇〇年くらいに作られたと言われます。そもそも、神の存在を信じたり、超自然的なものを信じる宗教的行為は、それよりも圧倒的にはるか昔から行われていました。

　同志社大学神学部教授で宗教学者の小原克博先生[1]によると、ドイツで発見されたライオンマンという彫刻は、約三万年前に作られたもので、人とライオンを組み合わせて、外部の敵から守る力を期待するためのものだったそうです。超自然的なものを信じているわけですから、すでに宗教的なものは遅くとも三万年前にはあったわけですね。

そう考えると宗教というのは、人間にとって本当に根源的なものだと思います。人の心の奥底に、OS（オペレーティング・システム）としてインストールされている。だとすれば、企業経営にも影響がないはずはありません。しかし、このような視点をもった研究は、経営学の世界では不思議なくらい存在しないのです。宗教をテーマとして扱っている経営学の研究はないだろうかと、世界トップクラスの経営学の学術誌を調べてみたのですが、まったく見つかりませんでした。

かくいう私も、池上さんとこうして対談させていただくまで、宗教についてきちんと学んだことがなかったんです。そこで先日、池上さんに「ぜひともこのような視点から、私が読むべき本を何冊か教えていただけないでしょうか？」とご相談したところ、ご紹介いただいた一冊が、マックス・ウェーバーの『プロテスタンティズムの倫理と資本主義の精神』（岩波文庫）でした。

池上　略して『プロ倫』ですね。私が経済学部の学生だった一九七〇年ごろは必読書と言われていたんですよ。

1　山極寿一、小原克博『人類の起源、宗教の誕生』平凡社新書（二〇一九）

入山　私も同じ経済学部の出身なんですが、お恥ずかしいことに、きちんと目を通したことがなかったんです。周りの友人にその話をしたら、「えっ、入山さん、読んでないの？『プロ倫』は常識だよ！」って驚かれました（笑）。

池上　学生時代に読んだときは、「宗教が資本主義の精神を生み出したって？　ほんまかいな？」と思いつつ、非常に斬新な視点だなと感じました。今回お読みになってみて、いかがでしたか？

入山　いやあ、大変勉強になりました。ウェーバーは、「人間の行動原理は、かなりの部分が宗教によって規定されているんですよ」と言っているわけですよね。そして、現代の資本主義を考える上でも、宗教の理解が不可欠なわけです。

経営学も本来なら、こうした視点を導入しなくてはいけないと思うんですね。「なぜ経営者はこのような行動をとるのか」「なぜこのような組織が出来上がってくるのか」といった問題を検討するときに、知らず知らずにその人自身や、その人の家族、地域、あるいは国に埋め込まれている宗教の影響を考慮する必要がある。ウェーバーの議論は、経営学と非常に親和性が高いというか、ある意味、補完的なものであると感じます。

池上　ウェーバーが研究の対象にしたキリスト教のプロテスタント、特にカルヴァン派は、

「予定説」という思想を持っています。神に救われるかどうかは、一人ひとり、あらかじめ決まっている。この世でいくら善行を積んでも、すでに決まっていることは変えられない。教会で熱心に祈ったり、寄進をしたりしても変えられない。当然、信者は「自分は救われる側に入っているのだろうか？」と不安になりますよね。ウェーバーは、人々は不安だからこそかえって「ベルーフ（天から授かった職業）」に一生懸命取り組むんだと考えたんです。本来は禁欲的なはずのプロテスタントの信徒が、経済活動に邁進することになる。禁欲的だから浪費することなく貯蓄をして、そのお金が投資に回る。これが結果的に西ヨーロッパやアメリカでの資本主義の発展をもたらしたと彼は主張しているんです。

■「お金のためじゃない」から成功する

入山　特にいまの世の中と通じると感じたのが、プロテスタントの感覚は「働くのは、お金のためじゃない」という点ですね。でも、逆説的ですが、お金のためではなく働くから、資本主義社会の中で成功するということです。

そして、これは実はプロテスタントだけに当てはまる法則でもない気がするんです。というのも、たとえば日本でも成功している企業・経営者の多くが、お金のためだけではなく、そもそも根源では社会をよくするために活動しているようにみえるし、あるいは実際にそう言っているからです。

たとえば、松下幸之助や本田宗一郎がそうでした。松下幸之助の水道哲学はその典型ですよね。本田宗一郎は「（生産者が）造って喜び、（販売会社が）売って喜び、（顧客が）買って喜ぶ」というモットーを一九五一年の社内報で発表しましたが、この理念が顧客のために革新的で安いバイクや車、飛行機などをつくる社風につながっています。

池上　京セラの稲盛和夫さんも同じだったかもしれません。

入山　はい。まあ、一方でもちろんお金を稼ぎたい気持ちもあるのかもしれないんですけれども、世の中の役に立つこと、社会的な大義が第一だと。利益が上がったら、未来の社会をよくするために投資する。そこで得た利益をまた未来のために投資する。

第一章でもお話ししましたが、最近は「パーパス経営」という考え方が注目されています。企業はパーパス（目的・存在意義）がまず大切だ、と言うことですね。つまり、「お金のためだけじゃないんだ」と。たとえば気候変動への対処とか、世界の栄養問題を解決するとか、根底では社会的な目的の実現のためにその手段としてビジネスをすることが、企業経営の本質なんだという意見が広がり始めているんです。この考え方を、ウェーバーの言説と比較検討してみるのも面白そうです。

池上　「パーパス経営を実践したから、欧米の資本主義は発展した」という見方もできるかもしれませんね。

入山　そうですね。私も様々な企業を見る中で、「お金を稼ぐことだけを目的にしている会社は、結局、お金をたいして稼げない」という感覚を持っています。それ以外の社会目的が根底にあり、それをセンスメイク（腹落ち）しているからこそ、結局は長い目で見て成功してお金も手に入るわけです。

それが昔だったらプロテスタントのように神に仕える意識、いまだったら社会に仕える意識を持っている経営者が、結果的にですがお金も手にすることになるんです。

■今も生きているプロテスタンティズムの精神

入山　アメリカで活躍する著名経営者の一人に、ユベール・ジョリーという人物がいます。「ベスト・バイ」というアメリカの家電量販店を立て直した人で、彼のやっていることがまさにパーパス経営なんですね。著書『THE HEART OF BUSINESS（ハート・オブ・ビジネス）』（英治出版）を、私は日本経済新聞夕刊の「目利きが選ぶ3冊」という書評欄で「多くの方に一読を強くお薦めする」と絶賛しました。彼はこの本のなかで、「人間はお金のために働くんじゃない。でも、だからこそ人間は一生懸命に働くことができる。結果としてお金が儲かるんだ」と書いています。さらに、本書で彼は、なんとルターとカルヴァン、プロテスタントにも言及しているんです。少し長いですが、引用しましょう。

プロテスタントの宗教改革家たちは、仕事を喜びと充実感の源泉だとみなし、物を作る肉体労働を何世紀にもわたって軽視してきた労働観を覆した。マルティン・ルターとジャン・カルヴァンは、精神的、宗教的なものに限らず、何かを作る仕事はどれも天職や使命とみなすべきで、神や社会に仕える方法であり、神から与えられた才能を発揮する手段だと考えていた。（中略）

プロテスタント的な仕事への熱意については、私が1985年に初めてアメリカに移住したときに知り、衝撃を受けた。当時マッキンゼーのコンサルタントだった私は、パリからサンフランシスコの支社に移り、そこでポジティブな考え方とエネルギーを目の当たりにした。シリコンバレーの起業家から、スタンフォードやバークレーの医学研究者や学者たちまで、私が出会った職業人たちは自分の仕事について情熱的に語っていた。

困難を嘆くのではなく、解決すべき新しい問題を前に奮起し、それを好機だと受け止めていた。そこでは仕事が「耐えるべきもの」ではなかったのだ。仕事とは良いもので、自分の知性や創造性を発揮する手段だと考えられていた。「幸福追求」のための手段であり、まさにアメリカン・ドリームの核をなすものとされていた。〔樋口武志訳〕

彼自身はカトリックですが、アメリカで浸透しているカルヴァン派の考え方がものすごく重要だと指摘しているんです。このことを見ても、やはりウェーバーの主張は非常に現代的なテーマなんだと感じます。パーパス経営もそうですが、人は何のために働くのかを考えると、お金のためだけではなく、最後は結局「何のために生きるのか」ということになる。これは人類が昔から悩んでいることですね。

池上　プロテスタンティズムの精神はまだ生きていると思ったのが、二〇一〇年のユーロ危機のときだったんですよ。危機に陥った国の頭文字を並べて、「ＰＩＩＧＳ」と呼んでいましたよね。ポルトガル、イタリア、アイルランド、ギリシャ、スペインの五カ国で、あとはちょっと侮蔑的なニュアンスもありました。このうちギリシャは東方正教の国で、あとは全部カトリックです。プロテスタントの国は危機に陥らなかった。これを見て、ウェーバーの言っていた倹約の精神は現代でも変わらないのかもしれないと思ったんです。カトリックの人たちは、稼いだら教会に寄付してしまったりしますからね。だから経済が落ち込むのかなって。

■キリスト教もイスラム教も利子は禁止!?

入山　ところで、『プロ倫』を読んでいて私が気になったのは、「そもそも資本主義って何だ？」という点です。実は、この点について『プロ倫』では意外と言及がない。資本主義の厳密な定義にはここでは立ち入りませんが、私個人の理解では、資本主義は少なくとも三つの要素がないと成り立たないんですね。その要素とは、勤労、貯蓄と投資（投資先となる技術的、経済的、ビジネス的なフロンティアも必要）、そして金融と利子。これらは近代の資本主義を成立させるための重要な条件ですよね。

まず必要なのは勤労。きちんと働いてくれる労働者がいることが大前提です。そして新しい技術、地域、市場などのフロンティアを開拓していくためにはお金が要るので、貯蓄をして投資に回さなくてはならない。外からお金を引っ張ってこない場合は、ある程度、自分が消費を抑える必要があります。また、投資のためにお金をうまく動かさないといけないので、金融もとても重要になってくる。金融が機能するためには、利子を取ることが必要です。そして私は池上さんの推薦書で勉強するまで知らなかったのですが、実はキリスト教でも、利子は禁止されていたんですよね？　イスラム教では利子が禁止されているのは知っていましたが、キリスト教でも本来は禁止されていたとは……。

池上　そうなんです。ちなみにユダヤ教でも利子は禁止されています。ただ、ユダヤ教の場合は、同胞から利子を取ってはいけないという教えなんですね。キリスト教徒に金を貸して利子を取るのは構わない。

■産業革命で大ブレイクした背景

入山　宗教学者の島田裕巳さんの著書[2]では、どうして中世のキリスト教社会で利子が認められるようになっていったかが描かれています。まず、一三世紀に神学者のピエール・ド・ジャン・オリヴィという人が、「貨幣は石ではなく、種子だ」と唱えた。つまり、そもそも貨幣には利益を生む性格があり、種子からさまざまなものが育つように、資本を持

2　『宗教にはなぜ金が集まるのか』祥伝社新書（二〇二二）

っている人に利益をもたらすという考え方を打ち出した。オリヴィは、「資本」という概念を作りだし、商行為や利子が罪深いものではないと説きました。

その結果、キリスト教の世界でも「ある程度は利子を認めてもいいんじゃないか」という流れが出てきた。

さて、ここからは、池上さんから推薦していただいた様々な本を統合しての、僕の大きな歴史の流れの理解を、披露させてください。いま申し上げたように、まず一三世紀にオリヴィにより、利子を認める流れが出てきた。そして一五世紀になると大航海時代が始まり、一七世紀に入る頃にはイギリスやオランダで東インド会社が設立されました。一六〇二年に設立されたオランダの東インド会社は、歴史上初の株式会社ですね。こうして、リスクのあるビジネスに投資をして未来のフロンティアを切り開く仕組みができて、金融のシステムも徐々に発展するようになった。

そして私が着目したのが、この一七世紀初頭の東インド会社設立の少し前の一六世紀に、ちょうど宗教改革が起きたことです。マルティン・ルターが活躍したのが一六世紀前半、ジャン・カルヴァンが活躍したのが一六世紀半ばです。つまり、東インド会社ができた頃には、ちょうどプロテスタンティズムの精神が広まりつつあったわけです。勤勉に働くこ

■資本主義の3要素

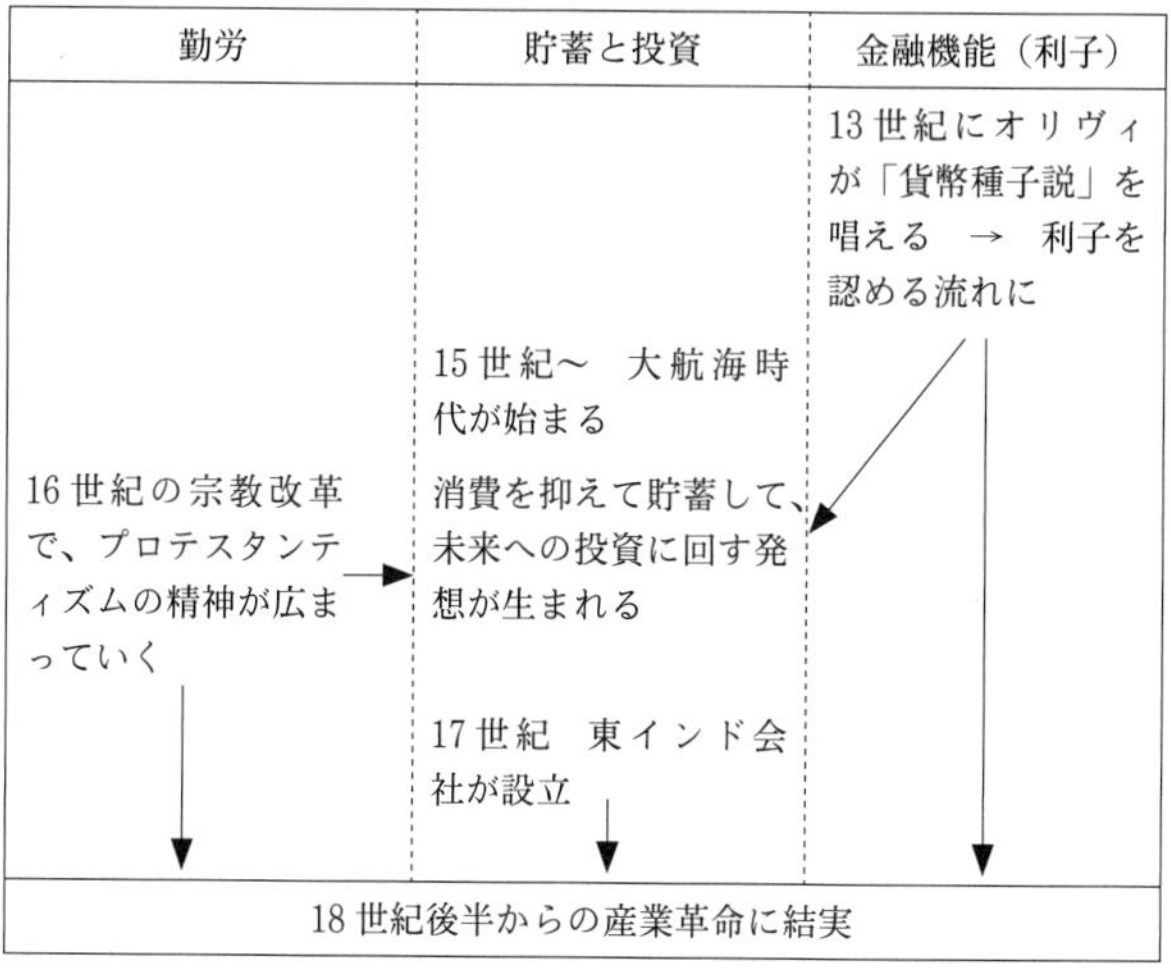

勤労
貯蓄と投資
金融機能（利子）
13世紀にオリヴィが「貨幣種子説」を唱える　→　利子を認める流れに
15世紀〜　大航海時代が始まる
16世紀の宗教改革で、プロテスタンティズムの精神が広まっていく
消費を抑えて貯蓄して、未来への投資に回す発想が生まれる
17世紀　東インド会社が設立
18世紀後半からの産業革命に結実

とがよしとされた。プロテスタントは禁欲的だから、消費を抑えて貯蓄して、未来への投資に回す発想も生まれます。

　このように、一三世紀のオリヴィの「貨幣種子説」により金利・金融の仕組みがだんだんと理解されるようになってきたところで、一六世紀の宗教改革により貯蓄と投資という価値観の下地ができてきた。そして一七世紀初頭にオランダ東インド会社ができて、株式会社が登場した。

　こうした要素が全て揃って、一八世紀後半からのイギリス発の産業革命に結実したのだと、私は理解したんです。産業革命は蒸気機関を使った大きな工場が舞台ですから、当然、巨額の投資が必要になります。巨額の投資をするためには、金融の仕組みがきちんと機能していなくてはなりません。工場を稼働させるために、勤勉な労働者が大勢いる必要もある。イギリスはプロテスタント国家であり、そして当時のイギリスにはこうした要素が全て揃っていたから、産業革命発端の国という形で大ブレイクしたんじゃないかと考えているのですが、いかがでしょうか？

池上　まさにそうなんだろうと思います。さすが経営学者の視点です。私は、利子が認められるようになったのが大きかった気がしますね。経済が発展するためには金融機能が不可欠です。しかし、利子を取らずにお金を貸すことはできない。そのときに、「お金が必要な人に貸してあげるのは、よいことなんですよ」「貸し手にも借り手にもメリットがあるんだから、いいんですよ」という解釈が次第に出てきたんじゃないか。

そもそも宗教の教えにある利子の禁止というのは、高利貸しを禁じているイメージなんですね。仕事をしないで、手持ちの金を貸して高い利子を取るという、ある種の不労所得のようなものを戒めた印象なんです。だから、双方にメリットがあって、妥当な利子を取るものであれば問題ないと判断されたんでしょう。

■近江商人の「三方よし」はパーパス経営

池上　『プロ倫』を読んでいるとですね、日本だって資本主義が発展したじゃないかとツッコみたくもなるんです。「日本人はカルヴァン派じゃないけど、これだけ資本主義の国として成功したぞ」って。

入山　そこは私も気になっていました。まだ十分に理解しているとは言い難いのですが、さきほどお話をした資本主義に必要な要素の観点から、私なりに日本についても考えてみたんです。

まず、金融とか利子っていう考え方は、日本に昔からあったはずです。私の理解では、中世の日本では実はお寺が金融機関の機能を担っていたんですね。経済史学者で名古屋市立大学教授の横山和輝さんに以前教えてもらったのですが、江戸時代の寺子屋では、なんと複利について教えていたのだそうです。金融を理解するには、複利の考え方がすごく重要ですよね。逆に、いまの日本の学校で複利をあまり教えないのは大問題だ、と私は思っているくらいで。

さらに横山さんは、投資の部分については、江戸時代の日本にはすでにM&A（合併・買収）があったと紹介しています。

勤労に関しては、江戸時代に儒教の教えが広まっていましたよね。二宮尊徳の「報徳思想」みたいなものもあって、「私利私欲に走らずに、一生懸命に働きましょう」という考え方は根強くあったと思うんです。

こう考えると、産業革命前のイギリスのように、江戸時代の日本にも金利、投資、一生懸命働く、という要素が揃っていたんですよね。

池上 さらに言うと、日本人はよく「お天道様が見ている」って言いますからね。「お天道様が見ているから、恥ずかしいことはやっちゃいけないんだ」と。だから、一生懸命に働かなければならない。浪費をしないで、つましい生活を送らなければならない。こういう意識も昔からあったはずです。民謡の「会津磐梯山」には、「朝寝、朝酒、朝湯が大好きで、それで身上つぶした」というくだりがあります。いくら金儲けをしても、無駄遣いをしちゃいけないよってことはずっと言われていたと思うんです。

入山 一方で「江戸っ子は宵越しの金は持たない」っていう文化もありましたよね。その日に稼いだお金は、その日のうちに使ってしまう。「お天道様が見ているから、つましく生きよう」という考え方と、「宵越しの金は持たない」という考え方は、どちらが強かったんでしょうか？

池上　「宵越しの金は持たない」っていうのは、ある種の「粋《いき》」です。「コツコツ貯めるなんてみっともない」「そんなものは使うんだよ」って粋がっている。そうやって全部使ってしまう人もいたかもしれないけれども、多くの人は違ったんでしょう。やっぱり貯蓄をする文化があったからこそ、経済が発展していったんだと私は思いますけどね。

入山　そうすると池上さんは、日本はプロテスタントの国ではないけれど、先の議論のように、金利、投資、勤労の文化、そして貯蓄の文化という資本主義が発展する歴史的な要素が揃っていたから、明治期に西欧の資本主義を取り込んだ日本が一気に花開いたんだとお考えですか？

池上　ええ、そうだったと思いますよ。ほら、近江商人の「三方よし」っていうのもあるじゃないですか。「売り手よし、買い手よし、世間よし」。近江国（現在の滋賀県）に拠点を置き、全国各地を行商した商人の理念として知られています。これは、自分の金儲けだけを考えてちゃいけない、社会的意義のために商売をするんだって考え方ですよね。

入山　まさにパーパス経営ですね（笑）。「三方よし」というビジョンに腹落ちしていたからこそ、近江商人は全国各地で活躍したわけですね。

■儲からないフリをする日本人

入山　プロテスタンティズムのような強い宗教的規範が存在しない日本で、ある意味プロテスタンティズムにも通じる禁欲的な生き方が定着したのは、なぜなんでしょう？

池上　やっぱり日本には同調圧力がありますよね。「世間の目」というやつです。お金を持っているからといって贅沢な暮らしをしていると、成金趣味だと眉をひそめられる。だから倹約を旨としているように振る舞わなくてはならない。本当は儲かっていても、そんな素振りは見せちゃいけないんです。

入山　いまの日本にも通じる話ですね。円安と資源高で苦しんでいる企業が少なくない中で、実はメチャクチャ儲かっている企業も結構あるんです。たとえば、総合商社とか。

池上　いま商社はすごいですよね。

入山　はい。すごく儲かっているんですけれども、こっそりと静かにしているわけです。自分たちではそういう意図はなくても、世間に気づかれると、「ドサクサ紛れにあぶく銭をつかみやがって！」みたいに言われかねないので（笑）。商社に限らず、本当は儲かっているのに「ウチは儲かりません」って顔をしている企業は、実は日本にも結構あります。

池上　私が就職活動をしていたころは、銀行がものすごく儲かっていたんです。だけど、初任給は他の企業と同じ水準にしていた。で、入社して半年とか一年とか経つとポーンと跳ね上がる。あと、福利厚生も手厚くて、いろんな場所に保養所やグラウンドをつくっていたんですけれども、なるべく目立たないようにしていた。世間の目を気にしていたんですね。まあ、保養所やグラウンドの多くはバブル崩壊後に売却するハメになるんですが。

■「子ども銀行」運動が高度成長の原動力に

入山　日本って島国ですよね。アイヌ民族もいて、決して単一民族ではないものの、他の国よりも均質性が高いのは間違いない。しかも中央集権ではなく封建制の時代が長かった。そうすると同じ地域で同じ人たちがずっと関係性を持ち続けることになるから、自分だけ儲かっていると知られるとまずい。そんな事情もあったでしょうね。

池上　そうですね。だから贅沢ができなくて、そのお金は貯蓄に回った。これが日本の資本主義が発展するベースになったんじゃないかと私は思うんです。

入山　一九九三年に、世界銀行が『東アジアの奇跡（The East Asian Miracle）』というレポートを出したことがありました。そのレポートでは、「なぜ第二次世界大戦後に日本は、ここまで急速に経済成長したのか？」という観点から分析が行われたんです。そこで指摘されたポイントの一つが、貯蓄率の高さだったんですね。
貯蓄率が高いと、そのお金が投資に回ります。結果として社会インフラとかいろいろなものが整備されるので、国の経済は成長する。経済成長論の原則です。そして私が印象深かったのは、『東アジアの奇跡』が、日本の貯蓄率が高かった理由の一つとして、郵便貯金を挙げていたことです。郵便貯金というインフラが貯蓄を促し、それが日本の投資率の高さにつながり、その資本蓄積が経済成長を促した、という指摘なのです。
池上 はい、明らかにそうですね。
入山 いまから思うと、当時の日本人みんなが郵便局にお金を預けていたのは不思議な気もします。同調圧力のようなものがあったのかどうか。
池上 戦後しばらく、政府が「子ども銀行」と称する運動を展開していたのをご存じですか？
入山 いいえ、知りません。
池上 当時の日本は戦争でインフラが破壊されているわけですよね。復興のために多額の設備投資が必要でした。しかし、銀行には需要に応えるだけの資金がなかった。そこで政府は一大貯蓄運動を始めたんです。郵便局や銀行の担当者が学校を巡回して、子どもたちに口座をつくらせた。「貯金しましょう」「将来に備えてお金を貯めましょう」って。

入山　「お年玉も貯金しておきなさい」みたいな話をするわけですか？

池上　はい。子どもたちに貯蓄の重要性をたたき込むんですよ。その子どもが成長して、今度は自分の子どもに「お年玉は貯金しなさい」って伝える。こうして郵便局や銀行にたくさんの預金が集まって、高度成長期の旺盛な資金需要をまかなったんです。

入山　そうやって郵便局に集まったお金が、財政投融資にも使われたわけですね。

池上　そういうことです。だから、戦後の日本の貯蓄率が高かったのは、「とにかく貯金をしろ」と政府が煽ったからだと思うんですね。

入山　なるほど。ただ、貯蓄の重要性を刷り込まれた世代って、特に意識せずに貯金をしてしまうから、自分のお金を投資に回さないですよね。

池上　そうなんです。「将来のために貯金しなくちゃ」って洗脳されているので。

入山　「将来が不安だから、将来が不安だから」ってとにかく言いますもんね（笑）。宗教も重要ですが、これは戦後に政府によって私たちにインストールされたＯＳなのかもしれませんね。日本の景気が長く低迷する原因の一つが、わかったような気がします。

第五章　なぜイスラム教は「ティール組織」が作れるのか

解説　イスラム教こそ、次世代ビジネスの最強OSかもしれない

入山章栄

本章のテーマはイスラム教である。現在、世界の宗教別人口はキリスト教徒が最も多いが、イスラム教徒（ムスリム）は二〇三〇年には世界で約二二億人、世界人口の四分の一を占めるようになるとみられている。さらに、二〇七〇年にはキリスト教徒とほぼ同数になり、二一〇〇年には最大勢力になるという予測もある。これからは誰にとっても、イスラム教に関する知識は必須になると言えるだろう。

■イスラム教を理解する上で重要な「ティール組織」

本章を読み解く上でも、二つの新しい視点が重要になる。まず先に、イスラム教を理解する上で重要な「ティール組織」という概念と、それを学術的に説明する「シェアード・リーダーシップ」という経営理論を紹介したい。その後で、宗教の本質を理解する上で私が非常に重要と考える、「社会学ベースの制度理論」を解説する。

◎本書で学ぶ経営理論（5）：ティール組織とシェアード・リーダーシップ

ティール組織（Teal Organization）とは、経営思想家のフレデリック・ラルーが二〇一四年に出版した著書の中で提示した、未来の組織の理念型である。これは「ある一定の価値観を共有した組織で、個人個人が各自の判断で自律的に行動する、自律分散型の組織」のことだ。端的には、「特定のリーダーがいない、ある意味で全員がリーダーの組織」と言い換えられる。

人類のこれまでの歴史で、ほとんどの組織は一人（あるいはごく少数）のリーダーが上に立ち、階層の下に行くほど人数が多いという、いわゆる「ピラミッド型」だった。私が関わっている組織も、ほぼすべてそうなっている。他方で、「今後はよりメンバーとメンバーの関係が水平的になり、全員がリーダーのように自律的に振る舞う」というのがティール組織の主張になる。

ラルーは進化心理学を前提にしながら、歴史をたどれば人の心理は変化してきており、それが組織のありかたに影響を与えてきたと述べる。そしてこれからの未来では、人の心理もティール組織に馴染むようになり、自律分散型が増えていくだろうというのだ。

本章対談内では紹介していないが、経営理論でこの考え方に近いのが、シェアード・

■図表1　シェアード・リーダーシップ（『世界標準の経営理論』より）

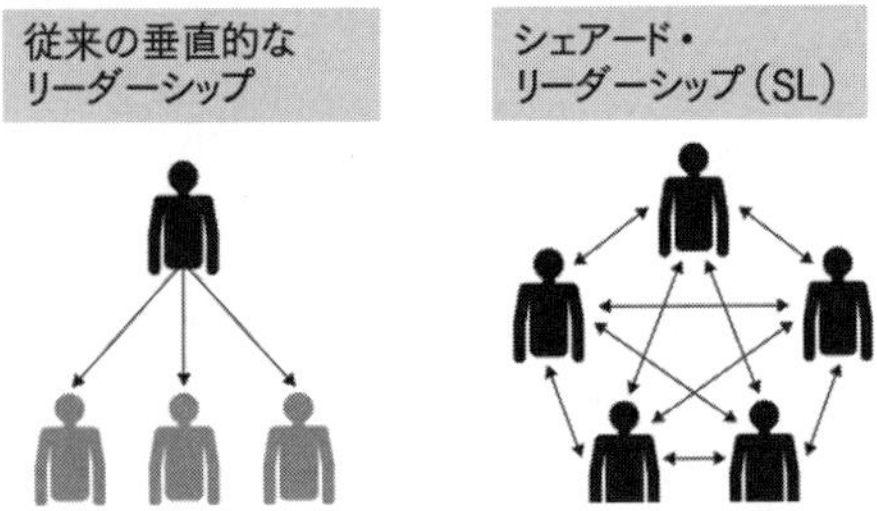

リーダーシップである。米クレアモント大学教授のクレイグ・ピアースなどにより二〇〇〇年代以降に研究が進んでいる。[1] これはまさにティール組織のような考え方で、組織に特定の強いリーダーがおらず、全員があたかもリーダーのように自律的に振る舞って、互いに影響を与えながら組織を動かしていく。

実際、「ある条件下では、シェアード・リーダーシップはピラミッド型組織よりも高いパフォーマンスを実現する」という実証研究の結果も出てきている。拙著『世界標準の経営理論』では、たとえば米コンサルティング会社のマッキンゼーは全員がリーダーを標榜する組織であり、この考えに近い組織運営をしているのではないかという論考も展開している。

図表1は、伝統的な組織とティール組織（シェアード・リーダーシップ型組織）をそれぞれ表したもの

だ。

さて、私はこのティール組織やシェアード・リーダーシップは「理念型」としては素晴らしいと思う。読者の中にも同感の方がいるはずだ。リーダーがいなくても各自が自律性を発揮して自由に動き、組織としても機能したら、これほど素晴らしいことはないだろう。変化の激しい時代にも、柔軟に対応できるかもしれない。しかし、現実にこのような組織は成立するだろうか。私は、シェアード・リーダーシップについて、様々な経営者と話したことがあるが、多くの方は「本当にこうなったら理想的だけど、夢物語だよね」という意見が多かった。

私も長らく同感であった。現実には、一人一人が自律的に動く組織をまとめることはきわめて難しい。少なくともこれが実現するには、「自律分散型のインフラとなるブロックチェーン技術が社会に徹底的に実装されるまでは無理だろう」と考えてきた。

しかし、ある日気がついたのである。実はこの世には、「お互いが離れていても、共通の価値観のもと自律的にメンバーが動き、分散型で行動できている組織」がある、と。

1　たとえば、Pearce C. L & Conger, J. A.（2002）, Shared Leadership: Reframing the Hows and Whys of Leadership, SAGE Publications, Inc. を参照。

テロ組織の「イスラム国」（IS）である。

イスラム国のメンバーは世界中に散らばり、様々な場所に潜伏している。そして、機会を見ては共通の価値観のもとに、テロ行為を行っている。もちろん、テロ行為は絶対にあってはならないことだ。私はイスラム国を擁護する気も賞賛する気もまったくない。ただ、ティール組織やシェアード・リーダーシップが描く理想の組織型が、イスラム教を強く信じる人たちから生まれていることに興味を持ったのである。

実は、池上さんの指摘によると、そもそもイスラム教には教団がない。ローマ教皇を頂点とするカトリックのように、トップダウン型の組織が存在するわけではないのだ。各自の判断に基づいて、信徒は世界中で神への祈りを捧げているのである。このように、よく考えるとイスラム教自体に、自律分散型の下地があるようにさえみえるのだ。

これから世界中の人々は、さらにデジタル技術でつながっていくだろう。そのような時代、自律分散型のティール組織を作りたい経営者は少なくないはずだ。だとすれば、イスラム国がいい例かどうかはともかく、イスラム教について理解を深めるのはやはり重要なはずなのだ。

この点については、対談で池上さんに私が問題意識をぶつけているので、そちらをぜひお読みいただきたい。

■宗教の本質を理解する上で最重要な「常識の理論」

では次に、もう一つの経営理論を紹介しよう。こちらはセンスメイキング理論と並んで、宗教の本質を理解する上で最重要の理論なのではないか、と私は考えている。

◎本書で学ぶ経営理論（6）：社会学ベースの制度理論（institutional theory）

一九七〇年代後半から一九八〇年代前半にかけて、スタンフォード大学のジェームズ・マイヤーをはじめとする社会学者たちによって確立された理論。現代の世界の主流派の経営学の中では、最重要の理論の一つである。

この理論の前提は、「人は必ずしも合理性だけでは行動せず、心理バイアスのかかった行動をとる。中でも、その社会・組織で正当性（legitimacy）があると認識される行動をとるようになる」というものだ。結果、「この行動は正当である」という「常識」が社会や組織の中で出てくるようになり、（それが合理的であるかどうかはさておき）多くの人がその常識に沿った行動をするようになる。つまり、「その社会・組織の範囲で人々の行動が似てくる、同質化する」のである。

これは、社会・組織における「常識」を説明する理論なのだ。より直感的に説明すると、人の脳のキャパシティには限界がある。したがって、すべての事象について「本当にこれでいいのか」「あれはなぜ必要なのか」といちいち考えていたら、脳が情報を処理しきれない。結果、「これは常識だよね」「これが正当だよね、普通だよね」と処理してしまうことで脳をラクにして、他のより大事なことを考えられるようにキャパシティを空けるのである。

結果、特定の社会・組織の範囲内では、みなが常識に沿って深く考えず同じような行動をとりがちになる。学術的には、これをアイソモーフィズム（isomorphism）という。たとえば日本では、なぜか初対面のミーティングの時は、必ず名刺を交換して自己紹介をする。西欧にはない習慣だ。しかし、日本ではまるで空気のように、当たり前に名刺交換をする。日本では常識だからだ。

業界ごとにも常識は異なる。銀行業界の人はみなダークスーツを着るのが常識だろうし、逆にスタートアップ（ベンチャー）業界でダークスーツの人は浮いてしまう。なぜ我々はそうするかというと、合理的な根拠はほとんどない。「みながそうしているから」

「常識だから」「それが正当だから」という理由で、頭の中で処理してしまっているのである。

つまり、「常識」は幻想なのである。同じ幻想を持っているから、その範囲内では脳がラクになるし、コミュニケーションが円滑になる。結果、共感性もセンスメイキングも高まるだろう。しかし、それはあくまで幻想なので、時代とともに現実の要請とズレてくることがある。

■常識は幻想であり、衝突を生む

たとえば、いま話題の「ダイバーシティ」がそうではないだろうか。私が子供の頃は、「男が外に出て働き、女は家で家事をして留守を守る」のが常識であった。実際、私の母も結婚前は働いていたが、私が生まれてから専業主婦になったようだ。しかし、いまの時代、この常識は少しずつだが変わりつつある。女性も男性と同じように働くのが、少なくとも東京などの都市部社会では常識になりかけている。しかし他方で、常識という幻想をアップデートできない企業や地域も多い。常識は空気のようなものなので、中にいるとそれが当たり前すぎて幻想であることにすら気づかないのだ。

さらに言えば常識は幻想なのだから、社会・組織ごとに、まったく異なる常識を持っていることも多い。銀行業界とファッション業界では、常識はまったく異なるだろう。大事なのは、「客観的にみてどちらかが絶対の正解」ではないことだ。どちらも、それぞれの業界では「常識」なだけである。ただ、この異なる幻想を持つ両者が対峙すると、自分の常識は空気のように当たり前なので、相手がまったく理解できず、時に深く対立するのだ。たとえば、企業がM&A（合併・買収）をしたときは、二社の常識があまりにも違うので対立が起きることが実に多い。

もうお分かりだろう。この制度理論のメカニズムは、宗教組織をきわめてよく説明するのだ。宗教の教義や行動慣習は、まさに信者が「常識」としてやっているものだ。「なぜこの神を信じる必要があるのか」「なぜ毎日礼拝するのか」「なぜ神棚の前で手を合わせるのか」などについて、合理的な理由を考えることはない。その宗教・宗派の常識だからだ。

対談の中でも、非イスラムの我々から見ると奇異に感じるようなイスラムの行動慣習について、池上さんと色々と語っている。でもそれは我々日本人の常識という幻想フィルターからは奇異に見えるが、イスラム教徒の方々にとっては空気のように当たり前なのである。さらに言えば、イスラム教の中でも、宗派や国で少しずつ常識は違ってくる。彼らは広義にはイスラムの常識という幻想の中で、狭義にはそれぞれの宗派や国の中で同じ常識を持つことで似たような行動をし、それはコミュニケーションを容易にし、共感性を高めているのだ。センスメイキング（腹落ち）も進みやすい。このメカニズムは、他宗教でも同じである。

しかしそれは、異なる宗教・宗派がぶつかったときには、大きな常識の衝突をもたらすことを意味する。いま世界で宗教を背景に起きている紛争も、制度理論で説明できる部分が大きいのだ。

では、この二つの視点を前提にして、池上さんとのイスラム教対談に入っていこう。

■『コーラン』は翻訳してはいけない

池上　いま最も勢いのある宗教は、イスラム教です。二一世紀の後半には、信者の数がキリスト教を超えて世界最多になるとの予測もあります。

入山　今後はビジネスの面でも、日本人もイスラム圏の人々との付き合いが間違いなく増えていくと思います。そのためにも、イスラム教とはどんな宗教なのか理解しておく必要がありますね。

池上 私は、二〇〇一年九月一一日にアメリカで同時多発テロ事件が起きたときに、「『コーラン』を読まなくてはいけない」と思いました。イスラム過激派の考え方を知るためにも必須だからです。それで勉強を始めたんですが、実は、日本語訳の『コーラン』を読んでも本当の意味で読んだことにはならない。なぜなら、アラビア語で書かれている『コーラン』を他の言語に訳してはいけないという大原則があるからなんです。

入山 だとすると日本語訳が存在するのは、むしろまずいということでしょうか。

池上 建前としては、日本語で書かれた「『コーラン』の解説書」の位置づけなんです。こういう理屈で発行が認められている。そもそも『コーラン』とは、預言者のムハンマドが神から預かった言葉を記録したものです。アラビア語で預かったのだから、他の言語に訳してはいけないというわけなんですね。

より正確に言うと、神の言葉を人間は聞き取れないので、天使が通訳をしてくれたことになっています。天使ジブリールが、アラビア語でムハンマドに伝えた。七世紀前半のことです。ムハンマドは読み書きができなかったため、ジブリールから聞いた内容を一生懸命覚えて、他の人に口頭で伝えたとされます。

教えは多くの人に広まりますが、やがてムハンマドは亡くなり、伝え聞いた言葉を覚えていた人たちも亡くなっていく。危機感を覚えた信者たちは、神の言葉を記録してまとめることにしたんですね。こうして出来上がったのが『コーラン』です。『コーラン』はさまざまな韻を踏んでいて、独特のリズムがある。朗々と読み上げられるとまるで音楽のように心地よく響きます。イスラム教徒にとっては、この美しい響きこそ「神の言葉の何よりの証拠だ」という奇蹟になるわけです。

ちなみに『コーラン』は最近の教科書では『クルアーン』と表記されます。アラビア語で「声に出して読むべきもの」という意味です。

入山　私は『コーラン』と教わった世代です。

池上　そうですよね。なるべくアラビア語に則した本来の読み方にしようと、近年では表記を変えるケースが増えています。実際には「クォルラァーン」なんですけれども。

さらに言うと、日本人は「アッラーの神」という言い方をすることがありますが、これは問題があります。そもそもアッラーは、アラビア語で唯一絶対の神を指す言葉です。だから、アラビア語を話すキリスト教徒も、神のことをアッラーと呼びます。アッラーという名前の神がいるわけではない。このことは覚えておきたいですね。

■シーア派とスンニ派の違いとは

入山　今回も対談前に池上さんからイスラム教に関する書籍を、いくつも推薦していただきました。それらを読みながらイスラム教について学習してみて印象的だったのは、とにかく神の存在が強いことです。「神の教えは必ず正しいのだから、なぜ従う必要があるのかを考えるな」という発想ですね。かつ、ものすごい文書主義です。『コーラン』に書かれていることがすべてである。『コーラン』は七世紀半ば、三代目カリフ（後継者）のウスマーンの時代にはもう編纂《へんさん》されていたので、ムハンマドが話していたことが、かなり正確に記録されているようですね。

池上　そうです。異本もありません。

入山　さらに『ハディース』（ムハンマドの言行録）やシャリーア（イスラム法）もあって、重要なことはすべて文章化されている。

池上　入山さんは『ハディース』をお読みになったことはない？

入山　ありません。日本語訳の『コーラン』でさえ、この対談のために読み始めたばかりなもので。

池上　『ハディース』は、『コーラン』に次ぐ聖典です。イスラム教徒は、こう考えるわけです。ムハンマドは神の言葉を聞いていたから、もし間違ったことをしたら、神がやめさせただろう。神が何も言わなかったのであれば、神の意思に沿っていたはずだ。ムハンマドのような生活をしていれば、自分も天国に行けるのだ。こういう発想から『ハディース』を研究するのです。『ハディース』とは伝承という意味ですが、『コーラン』の注釈書という役割を果たしています。単に「ムハンマドはこう言った」と伝えるだけじゃなくて、「ムハンマドはこう言ったと、誰それが言った」というふうに出典がいちいち示してあります。

入山　きちんとしているんですね。なんだか学術論文みたいです。

池上　編纂されたのは九世紀です。この時代にそういった正確な作業をしていたのがすごいと思います。時代が下って、「ムハンマドは本当にそんなことを言ったのか？」と疑問が出てきたときに、それに答えられるようになっている。

入山　徹底した文書主義で驚かされます。ところで、イスラム教には組織、つまり教団がないと理解しているのですが、間違いないでしょうか？

池上　はい。信者たちは「ウンマ」と呼ばれる共同体を形成するものの、他の宗教の教団とは異なるものです。

入山　組織ではなく、あくまでも共同体であると。

池上　そうです。ウンマの運営をめぐっては二つの考え方があります。イスラム教に「シーア派」と「スンニ派」があることはよく知られていますよね。それぞれ、ウンマの指導者について異なる見解を持っています。

ウンマの指導者は「イマーム」と呼ばれます。シーア派は、ムハンマドの従弟・アリーの血筋を引く者がイマームになるべきで、絶対的な権限を持つと考える。いわば血統主義です。「シーア」とは、アラビア語で「党派」を意味します。

一方スンニ派は、血筋には関係なく、ムハンマドの言行（スンナ）を拠り所にしてウンマを運営しようと考えます。イマームは集団礼拝の指導者という位置づけです。

世界のイスラム教徒のうち、シーア派が一五％、スンニ派が八五％を占めます。スンニ派が優勢ですが、イランやバーレーンはシーア派の住民が大多数ですし、イラクでもシーア派が多数派となっています。

入山　組織がないとはいっても、現実にはいろいろな集団行動があるわけですね。

■『コーラン』の「多義性」がもたらすもの

入山　イスラム教について、もう一つ印象的なのは「多義性」です。文書主義で、重要なことが文字になってはいても、それをどう解釈するかは人によってかなり違ってくる。たとえば穏健派の人は、『コーラン』に従って平和に暮らそうと思うかもしれないけれど、過激派は都合のいい解釈をしてテロを正当化するかもしれない。

池上　『コーラン』の内容自体に、けっこう矛盾している部分があるんですね。ユダヤ教徒やキリスト教徒を大事にしなければならないと書いてあって、ここを読む限りでは、異教徒と平和に共存することを目指していると受け取れます。ところが、「多神教徒は見つけ次第殺せ」と書いてあったりもする。実際、この部分はテロリストに利用されました。

入山　そういう意味では問題をはらんでいると思いますが、一方で矛盾していることが『コーラン』の強みのようにも、私は感じるんです。

私には大学時代の指導教員から言われたフレーズで、すごく印象に残っているものがあって、いわく「完璧な論文は、いい論文じゃない」。世の中を揺るがすような論文は、ツッコミどころがけっこうあるんだと。だからこそ、「ここはおかしい」「自分ならこう解釈する」と議論が盛り上がる。いっさい反論や解釈の余地がない論文だと、それ以上の発展がないわけです。『コーラン』も、ツッコみどころがあるからこそ、いろんな議論が起きて、人を惹きつける。池上さんのテレビ番組も、完璧な内容よりも、「あれ?」って部分があるほうが盛り上がりませんか?

池上 それはありますね(笑)。イスラム教の場合、好き勝手に解釈ができるわけではなくて、「ウラマー」と呼ばれるイスラム法学者たちがいます。この人たちは、まさに生涯をかけて『コーラン』や『ハディース』の研究をしている。大きな問題が起きたときには学者たちが集まって、「これはどのように解釈したらいいだろうか」と議論します。

入山 学者の間で解釈が異なった場合には、「違っていても構わない」というスタンスのようですね。

池上 はい。エジプトにアズハル大学というところがあって、スンニ派における最高権威になっています。ここの学者が、「こういうことをしてはいけない」と指針を示すことがある。多くの人は受け入れます。でも、強制ではないんですね。そもそもイスラム法学にはいくつかの学派があって、見解が異なるんです。

■スンニ派とシーア派の違い

	スンニ派	シーア派
信者数	ムスリム人口の約85%	ムスリム人口の約15%
聖典	『コーラン』	
イマーム	集団礼拝の指導者	アリーの子孫で最高指導者
特徴	血筋に関係なく、ムハンマドの言行（スンナ）を拠りどころにしてウンマを運営	シーアとはアラビア語で「党派」の意味。イランやバーレーンではシーア派住民が大多数

■スンニ派とシーア派の系譜

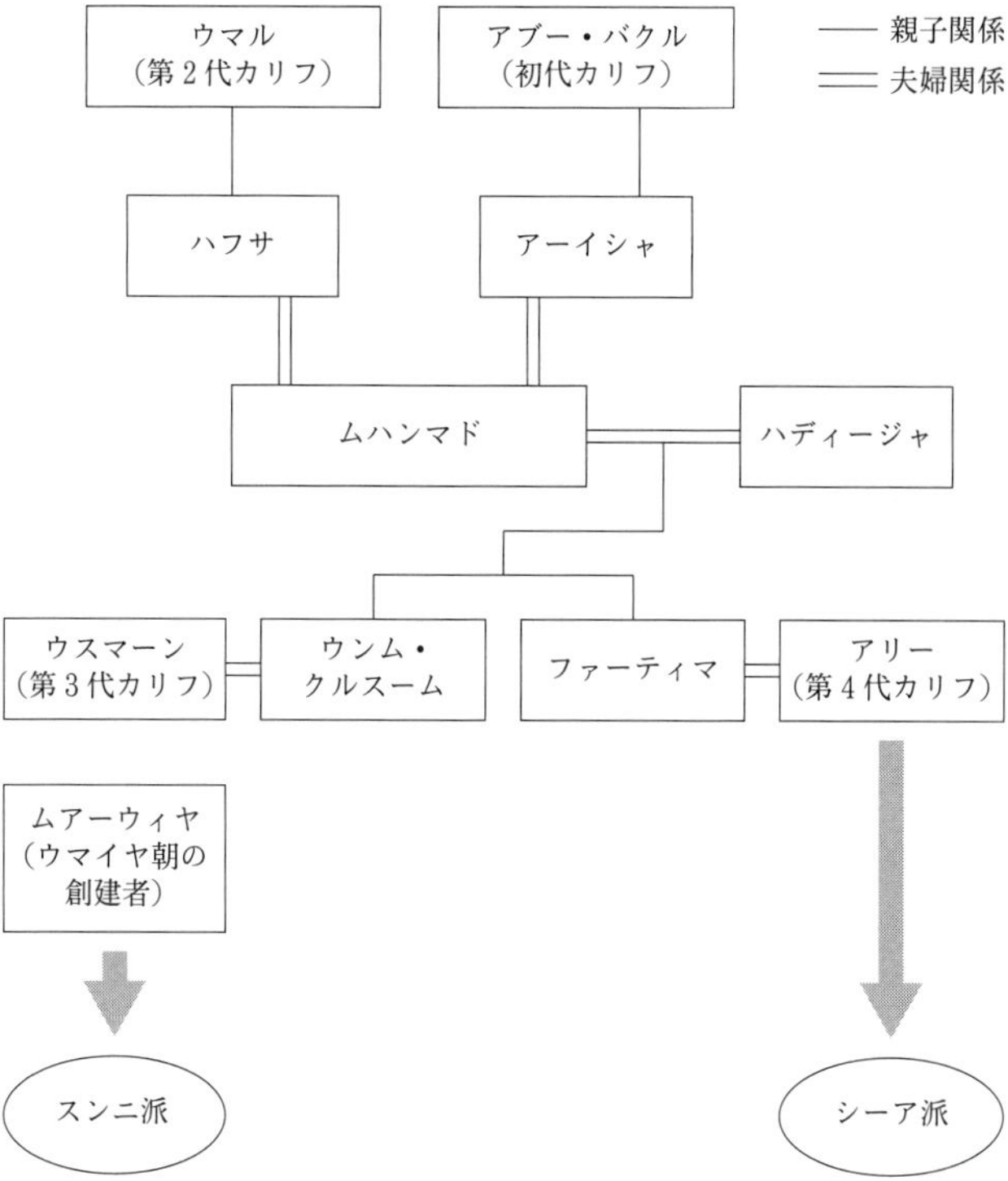

■解釈をめぐって割れたソニー

入山　企業の場合も、「創業者の残した理念をどう解釈するか」という問題に直面することがあるんですよ。社訓が字面だけ残っていて、もはや時代に合っていないケースとか。

池上　創業者が「借金はするな」と言い残しているので銀行と付き合えない、なんてことがあったりしますよね。

入山　そうなんです。たとえばソニーも、考え方の違いで社内が割れて、業績が低迷していた時期がありました。[2] 実際には金融事業などで収益があがるようになっていたのに、「ソニーはエレクトロニクス製造業の会社である。金融なんて許さん」と固く信じている人たちもいて、内部で対立が深まってしまったんです。創業者の盛田昭夫さんや井深大さんがはっきりと言葉を残していたわけではないんですが、「ソニーとは何か」をめぐる解釈が、社内で分かれてしまったわけです。その後、当時社長だった平井一夫さんが社内をまとめて、大復活を遂げます。「盛田さんも井深さんもダメとは言っていないんだから、いろんなことにチャレンジしてもいいじゃないか」と。平井さんが「ソニーは、エレキ、金融、エンタメそれぞれで、世の中に感動（KANDO）をお届けする会社だ」と繰り返し語ることで、社内のセンスメイキング（腹落ち）が進み、まとまっていったんです。

池上　大変な仕事だったでしょうね。

入山　平井さんは、もともと音楽事業のCBS・ソニー（現在のソニー・ミュージックエンタテインメント）にいた方なんです。「バンドが好きだから入った。ソニー本社での出世にはまったく興味がなかった」という。ソニーグループの中では、ある意味かなりの傍流なんですね。でも、だからこそ幅広い視野を持つことができて、結果的にソニー本体を再建する立役者になったわけです。

池上　企業にはよく「中興の祖」と呼ばれる人がいるでしょう。こういう人は、しばしば傍流から現れる。

入山　はい。そうです。まさに同じ構造だと思います。

■戒律に厳格な国と緩やかな国

入山　もう一つ、イスラム教は「行為の宗教」でもありますね。これも際立った特徴だと思います。心の中の信仰だけではなくて、日常の実際の行為に様々な縛りがある。「酒を

2　以下の内容は第一章の解説も参照。

飲むな」とか「豚を食べるな」とか。

池上　ただ、解釈がいろいろあって、「なんちゃってイスラム教徒」みたいな人もたくさんいます。お酒を飲む人もいますし。実は、『コーラン』の原文に「酒を飲むな」と書いてあるわけではありません。「ぶどう酒を飲んではいけない」と書いてある。ムハンマドが生きていた今から一四〇〇年ほど前の時代、アラビア半島では、お酒は今でいうところのワインしかなかったんです。なぜ飲んではいけないかというと、酔っ払うと神様のことを忘れがちになったり、喧嘩したりするからだと『コーラン』には書かれています。

だから普通はアルコール全般がダメと解釈するんですけれども、「ビールを飲んではいけないと書いてないから、飲むよ」って人もいたりする（笑）。

入山　池上さんはイスラム圏の国をたくさん訪問されていると思います。厳格な国、緩やかな国の違いはあるものなんですか？

池上　アラビア半島から離れれば離れるほど緩やかになっていきますね。インドネシアではけっこうお酒を飲んでいたり。

入山　私もインドネシアには何度も行っていますが、みんなガンガン飲んでいますよね（笑）。

池上　サウジアラビアはアルコール厳禁です。現地で働く日本人のために、家族や友人がみりんをお土産にすると、入国時に没収されます。イランも厳しいですね。取材に行ったときに、「ノンアルコールビール」ってのがあるから飲んでみたら、炭酸入りのオレンジジュースでした（笑）。要はファンタみたいなものでした。向こうの人たちは本物の味を知らないから、炭酸が入っていればビールって思っているんじゃないかな。

入山　国によって大きく異なるわけですね。

池上　同じ国家の中でも違いがあったりします。アラブ首長国連邦（ＵＡＥ）は、名前の通り七つの首長国が集まってできた連邦国家です。外国人が訪ねるのはたいていドバイか、あとはアブダビですよね。ドバイ首長国とアブダビ首長国は緩いんです。外国人向けのホテルでは自由にお酒が飲めます。ところがドバイの隣のシャールジャ首長国は厳格で、お酒も飲めない。ＵＡＥだけでも、極めて多様なんですね。

■ユダヤ教徒との共通点も

池上　女性の服装に関しても、様々な解釈が可能です。『コーラン』には、「女性は美しいところを人に見せないように」と書かれている。これまた多義的で、「美しいところ」がどこかによるんですね。サウジアラビアの女性は全身を真っ黒な服で覆っていて、一切姿を見せないようにしている人が多いですが、インドネシアだとスカーフで髪を隠すだけで、あとは普通の格好をしています。

入山 おそらく、その土地の気候との兼ね合いもありますよね。

池上 サウジアラビアは、気温は高いものの湿度は低い。そういう場所では、全身を覆うと涼しく感じるんですよ。だから合理的な服装でもあります。ただ、湿度の高いインドネシアでは話が違ってくる。

入山 お酒を飲まないことも、乾燥している中東では合理的ですよね。お酒を飲むと、水が飲みたくなるから。乾燥地帯では水が貴重です。豚を食べないのは、人間と食べるものがかぶるからだという説もあるようです。

池上 生活の知恵でもあるんでしょう。当時、豚の病気が流行していて、食べると病気になる恐れがあったからという説もあります。

ちなみに、ユダヤ教徒も豚肉を食べません。『旧約聖書』の教えに反するからです。ユダヤ教徒は肉と乳製品を一緒に食べてはいけないことにもなっています。また、うろこのある魚は食べていいのですが、イカやタコは食べられません。

入山　へえ、ユダヤ人はイカやタコを食べないんですか。

池上　意外と知られていませんね。ところが、キリスト教徒は豚肉を食べます。それは、『新約聖書』の「使徒言行録」にある、イエスの一番弟子だったペトロのエピソードが根拠になっています。天からいろいろなものが降りてきて、「ペトロよ、身を起こし、屠って食べなさい」という声がするので、ペトロは「主よ、とんでもないことです。清くない物、汚れた物は口にしたことがありません」と言います。すると天から「神が清めた物を、清くないなどと、あなたは言ってはならない」と声が返ってきた。この記述により、『旧約聖書』では食べてはいけないとされたものでも、キリスト教徒は食べることが認められたという解釈が生まれたんです。

■『聖書』は物語、『コーラン』は理念

池上　『コーラン』には、『旧約聖書』や『新約聖書』と共通する部分があります。たとえばムハンマドに神の言葉を伝えた天使ジブリールは、『聖書』に出てくるガブリエルのことです。アラビア語読みにするとジブリールになる。ガブリエルは、聖母マリアに受胎を告げた天使ですよね。神の言葉を天使が伝える構造は同じなんです。

入山　逆に、『聖書』と『コーラン』で大きく異なるところは何でしょう？

池上　『旧約聖書』『新約聖書』は基本的に物語なんですね。しかし、『コーラン』は神の言葉をそのまま伝えるもので、ストーリーがあるわけではない。

入山　興味深いです。なんだか企業内での理念の伝え方と、通じるところがありますね。『コーラン』のように「ああしなさい、こうしなさい」と創業者の言葉を掲げる企業もあれば、物語風に伝えるところもあります。両者で、センスメイク（腹落ち）のさせ方も違うのかもしれません。

池上　ちなみに『古事記』と『日本書紀』は、まさに物語です。日本という国がどうやってできたのかが書かれている。国生み神話ですね。この二つが、神道の経典です。

入山　神道に経典があるんですか？　まったく知りませんでした。

池上　あるんですよ。『万葉集』を入れる人もいますが、基本的には『古事記』と『日本書紀』が経典ということになっています。

■近代資本主義の一歩先を行く？

入山　国や地域による違いといえば、西欧的な近代資本主義とどう折り合いをつけるかについても、差がありますよね。たとえばイランは、一九七九年の革命以前は近代化を進めていましたが、以降はイスラム原理主義的な方向に転換しました。一方ＵＡＥなどは、欧米の資本を積極的に導入して目覚ましい発展を遂げています。

池上　一つ押さえておきたいのは、ムハンマドの時代、中東の主要産業は製造業ではなく流通業だったんですよね。ものづくりではなく物流なんです。どこかで商品を仕入れて、ラクダに載せて砂漠の中を運んでくる。運んできたものを、誰かに売る。だから『コーラン』の教えは、工業生産を中心とした近代資本主義のようなものはおそらく想定していない。でも、だからといって経済活動を忌避しているわけでもない。

ムハンマドが商人だったこともあり、『コーラン』には、日常の商売に関する神の言葉が記されています。

アッラーは商売はお許しになった、だが利息取りは禁じ給うた。神様からお小言を頂戴しておとなしくそんなこと（利子を取ること）をやめるなら、まあ、それまでに儲けた分だけは見のがしてもやろうし、ともかくアッラーが悪くはなさるまい。だがまた逆戻りなどするようなら、それこそ地獄の劫火の住人となって、永遠に出してはいただけ

まいぞ。（『コーラン』上〔岩波文庫〕井筒俊彦訳、二章二七六節）

つまり、基本的に商売は自由にやっていい。だから、資本主義が入って来ることに対して、本来、抵抗はないはずなんです。

入山 汗水を流して働くのであれば全然かまわないってことですよね。要するに、「楽して稼いだらダメだよ」と。

池上 高利貸しのようなことはしてはいけない。第四章でも触れたように、不労所得を戒めているわけです。

入山 けっこうSDGsとか「新しい資本主義」に通じるというか、逆に現代的な感覚にも思えますね。もともと金を持っている人間が金融でぼろ儲けすることに対して、アンチテーゼを唱えている。実際、若い世代には、イスラム的な考え方を「好きだ」と言う人もいるみたいです。

池上 イスラムの世界には、みんなで助け合う発想がある。『コーラン』は「喜捨」を勧めています。「困っている人には恵んであげなさい。喜んで捨てなさい」と。これが、格差を是正しようとする動きにもつながります。

入山　よく言えば、近代資本主義の一歩先を行く感覚をある意味で持っているのかもしれません。「競争ばかりしていないで、みんなでもっと平等にやっていこうよ」と考える人たちの間で、今後さらに共感が広がりそうな気もします。

■「イスラム金融」は利子を取れない

池上　利子を取ってはいけないという教えがあるので、イスラムの世界では建前上、普通の銀行のようにお金を貸して、利息の分を上乗せして返してもらうことはできません。そこで登場した「イスラム金融」というシステムがあります。

こんな仕組みです。たとえば、ある会社が資金を必要としているとします。イスラム銀行（イスラムの教えに基づいて運営される銀行）は、預金者と一緒にその会社を買い取るんです。名義上の所有権は銀行と預金者に移りますが、会社を実質的に経営する人たちはそのままです。経営する人たちは、利益が上がったら、金額を上乗せして銀行と預金者から会社を買い戻す（所有権を取り戻す）。上乗せされた金額は、銀行と預金者で山分けする。こうすれば、お金を貸して利息を取ったのと同じことになります。すごく単純化すると、こんなシステムです。

入山　面白いですよね。投資会社が事業会社をまず買い取って、価値が出たら今度は事業会社側がそれを買い戻す、と。

池上　イスラム金融では、すべてがモノの売買に置き換えられます。必ずモノを介するので、「バブルが起きにくいんじゃないか」という指摘もある。レバレッジをかける（少ない資金で大きな金額の取引を行う）発想もないし、堅実なんです。

入山　やはり、近代資本主義へのアンチテーゼとも捉えられますね。

池上　イスラム金融が広がったのは、実は比較的最近のことです。大きなきっかけは、二〇〇一年のアメリカ同時多発テロ事件でした。欧米のキリスト教社会がイスラムに対する反感を持ってしまった。それまで中東の産油国は、収益を欧米の投資家に託して運用していましたが、資金を凍結されるリスクが出てきたわけです。それなら自分たちで何とかしようということで、膨大なオイルマネーがイスラム金融で運用されるようになった。

入山　これは非常に大きなビジネスチャンスですよね。イスラム金融は、アジアにも急速に広がっています。特にマレーシアでの成長が目立ちますね。日本企業も、もっと取引に積極的になるべきかもしれません。

■世界中で信者が増える理由

入山　いま世界中でイスラム教徒が増えています。その背景には、まずイスラム圏の人口増加がありますよね。特にアフリカの国々が顕著です。加えて、キリスト教をはじめ他の宗教から改宗する人も増えていると聞きます。

池上　イスラム教は「参入障壁」が非常に低いんですよ。イスラム教徒の男性二人を証人にして、「アッラーの他に神はなし、ムハンマドはアッラーの使徒なり」という言葉をアラビア語で唱えれば、その人はもうムスリム（イスラム教徒）なんです。

入山　私もなろうと思えば明日からなれる（笑）。

池上　神の前では人種や民族に関係なくすべての人間が平等ということが、国境を越え、世界で一八億以上の信者を獲得している大きな理由です。ただし、参入障壁は低くても、退出障壁は高い。やめることもできますが、それは死をもって償うとされています。かつて、アフガニスタンの人が、難民を支援するキリスト教団体の影響を受けてキリスト教に改宗したことがあったんです。すると、アフガニスタンの法律をもとに死刑が求刑されました。結局、執行はされなかったものの、アメリカでは大騒ぎになった。

入山　簡単に入れる、けれど簡単には抜けられない。だから、信者が増えてきたんですか？

池上　そういった面はあると思いますね。改宗する人の中には、「結婚するため」の人もいます。イスラム教徒の女性は、イスラム教徒の男性としか結婚できないんですね。たとえば日本人の男性がフィリピン人の女性と結婚しようとするときなどに、これが問題になることがある。

入山　実は私はフィリピンに住んでいたことがあるので、よく知っていますが、あの国は南部にはイスラム教徒がけっこういますよね。

池上　「ムスリムになってくれれば結婚してあげる」と言われて、改宗するわけです。私はそういう人に何人も会ったことがあります。女性も同じで、ある女性は、もともと大酒飲みだったのに、改宗してモロッコ人の男性と結婚した途端、一滴も飲まなくなりました。

入山　そうやって結婚するためにムスリムになった人も、簡単には抜けられないわけですね？

池上　イスラム教徒は、棄教が認められません。

入山　それから、何より出生率の高さが、世界中で信者が増えている要因ですよね。

池上　はい。女性の服装などを見ていると禁欲的な宗教なのかと思ってしまいますけれども、実はそうでもない。『コーラン』には「結婚しなさい」「結婚した男女は性を十分に楽しみなさい」と書いてあるんです。

入山　性にまつわる指南が、いろいろ並んでいますからね。

池上　ただし婚姻外はダメなんです。

入山　そうそう。「妻と楽しめ」って書いてありました（笑）。

池上　そうやって楽しんだ結果、子どもが増えるんです。

■「すべてを神に委ねよ」という安心感

入山　ちょっと失礼な言い方になるかもしれませんけど、私のような西洋近代主義に毒された人間からすると、イスラム教に改宗すれば精神的に楽になれる気もするんですよね。日常生活の細々としたことも含めて、「ああしなさい、こうしなさい」と指示されるから、個人がいちいち悩まなくていい。たくさんの同胞がいて、孤立感に苛《さいな》まれることもありません。

ボストンカレッジ（アメリカの名門大学）の元教授で、メアリー・アン・グリンという組織研究の第一人者がいます。彼女が「組織文化」の過去の研究をまとめた論文がありまして、それには、優れた組織文化への視点があるんですね。[3]特に重要なのは三つで、私の理解では、イスラム教はそれらを十分すぎるほど満たしているんです。

一つめは「価値観」(value)。強い組織であるためには、「我々はこうあるべきだ」「こういうことが良いことだ」という価値観を共有する必要があります。イスラム教の場合、「アッラーは偉大なり」という、アッラーだけを信奉すべき絶対的な教えがあって、そこが揺らぐことはない。

二つめは「ストーリー」(story)。単に「アッラーは偉大なり」だけではピンとこない人もいるかもしれないけれども、物語がそれを補ってセンスメイク(腹落ち)と共感をさせるわけですね。池上さんがおっしゃるように『コーラン』そのものはストーリー性が弱いのですが、それ以外にたとえばムハンマドが大天使ジブリールの声を聞いたとか、信徒とともにメッカからメディナに移住したというヒジュラとか、イスラムにはやはり様々な物語があります。

三つめは、グリンの論文では「ツールキット」(toolkit)と呼ばれます。組織の文化を支える手段、すなわち「手立て」のことです。

これが、さきほど私が言ったことにつながるのですが、イスラム教では、とにかく神とつながるために、日々様々な行為が決められていて、それが共感性を高める「手立て」になっていると言えます。それらの行為は、違う文化圏の人間には理解しづらい。毎日何度もお祈りをするとか、戒律を守るとか、豚を食べないとか……でもそれが重要で、みんなで同じ行為をすることで共感性を高めて、文化を揺るぎないものにしているわけですね。

こうした組織文化の中にどっぷり浸かっていれば、本当に安心していられると思うんですよ。企業に対しても、社員の共感性を高めるために、参考になるなと思いました。

たとえば、私が知っている日本の面白い企業の中には、他社の人からは無駄に見えるような、儀式的な行為をなぜか定期的に必ずやるところがあります。必ず毎日、社長も社員もトイレ掃除をするような会社もあるし、金曜の夕方に必ず皆で集まってビールを飲む、みたいな会社もある。そういう一見無駄な行為が決められていることが、「ツールキット」として機能しているのかもしれません。

池上　イスラムの教えは、つまるところ「すべてを神に委ねよ」ということなんです。そうすれば、何が起きても「神のなさることだから」と落ち着いていられる。心の安寧があ

3　Giorgi et al.（2015), The Many Faces of Culture, Academy of Management Annals.

ります。禁止事項や決まりが多い一方で、『コーラン』には「神の与えたものを楽しめ」とも書かれています。神の教えを守り、人生を楽しみながら善行を積み重ねていけば、死後、神による最後の審判の日に復活し、天国に行ける——これがイスラム教の基本的な考え方なのです。

入山　何もかも決まっていて、あとはアッラーの審判を待つだけなんですから、ある意味とても気楽ですよね。

池上　そう思います。ところで、イスラム圏の相手とビジネスをしている方に、一つお伝えしておきたいことがありましてね。たとえば、「明日の午前一〇時にお会いしましょう」と約束したときに、先方が「インシャアッラー」と応じることがあるかもしれません。これは「神が望むならば」という意味です。つまり、神が望むならば一〇時に会えるかもしれないけれど、神のご意思によっては一一時に目が覚めるかもしれないと（笑）。

入山　人間が決められることじゃない（笑）。

池上　すべては神の思《おぼ》し召《め》しだから仕方ないんです。だから、「インシャアッラー」と言われてしまったら、「いつになるかわからない」と思ったほうがいい。

入山　池上さんはご経験があるんですか？

池上　テレビのロケのときに何度もありましたね。「インシャアッラー」と言われても、いちおう我々は約束の五分前には現地に着いて待っているんです。案の定、なかなか現れない。数十分とか、あるいは数時間経って、ようやく姿を見せるんですね。もちろん「ごめんなさい」もありません。

入山　「ああ、インシャアッラーだな」と思って、寛容になるのがいいんでしょうね。

池上　はい。「そういうもんだよな」って。

■「常識の理論」でイスラムとの関係を考える

池上　ただ、残念ながら、イスラム教徒がどんどん増える中で、文化的な摩擦は広がっていくのかなと思います。特に欧米のキリスト教社会では、危機意識、警戒感を持つ人が少なくない。フランスでは、ムスリムが大統領になる近未来を描いた小説（ミシェル・ウエルベック『服従』）がベストセラーになりました。

入山　経営学には「制度理論」と呼ばれるものがあります。いわゆる「常識の理論」です。人間の認知能力には限界があるので、「まわりの人と同じことをしていれば大丈夫だ、それが常識だ」となり、企業や業界などの「内側だけで通じる常識」ができあがっていく、という理論です。これが、今後のイスラムとの関係を考える上で、とても重要だと思います。つまり、彼らの常識と、我々の常識、あるいは欧米の常識は全然違う。全然違うのだけれど、自分たちのやっていることは空気のような常識だから、相手の常識がとても「非常識」にみえてしまう。世界では様々な宗教がぶつかってきた歴史と言えますが、これは「常識」のぶつかり合いの歴史、とも言えます。

池上　移民の多い国では、とりわけ双方の常識がぶつかり合うことになります。たとえばスウェーデンやフィンランドは、もともと非常に寛容な社会なので、イスラム系の移民も積極的に受け入れてきました。その中には、自分たちの信仰や生活様式を堅固に守り抜く人たちもいます。これが他の市民からは不寛容に見えることがある。「自分たちは寛容に受け入れたのに、彼らは不寛容だ」と反感が生まれるわけですね。

入山　難しい問題ですね。移民の人たちが不寛容というわけでもないと思うんですが。

池上　そのように見えてしまう。スウェーデンやフィンランドは税金が高いこともあって、「我々のカネで世話をしてあげているのに、彼らの態度はなんだ」となる。寛容な社会は、独立性を守り続けようとする人たちが現れると動揺するんです。

入山　近年、ダイバーシティ、つまり多様性が重要だと言われています。ただ、多様な人の

■イスラム教の特徴

<table>
<tr><td colspan="2">信者数</td><td colspan="2">約19億人</td></tr>
<tr><td colspan="2">信仰対象</td><td colspan="2">アッラー（神）</td></tr>
<tr><td colspan="2">聖典</td><td colspan="2">『コーラン』。『旧約聖書』の一部。『新約聖書』の一部</td></tr>
<tr><td rowspan="10">主な戒律</td><td>六信</td><td colspan="2">アッラー・天使・啓典・預言者・来世・天命</td></tr>
<tr><td rowspan="5">五行</td><td>信仰告白</td><td>「アッラーの他に神はなし、ムハンマドはアッラーの使徒なり」と唱えること</td></tr>
<tr><td>礼拝</td><td>1日に5回、夜明け前、正午過ぎ、午後、日没直後、夜半に聖地メッカの方角に向かって祈る</td></tr>
<tr><td>断食</td><td>1年に1カ月間、イスラム暦の第9月（ラマダン月）に断食を行う。日の出から日没までの間、飲食は禁止</td></tr>
<tr><td>喜捨</td><td>収入の2.5%ほどを貧しい者に寄付する</td></tr>
<tr><td>巡礼</td><td>聖地メッカへ巡礼すること。一生に一度は巡礼することが望ましいとされる</td></tr>
<tr><td rowspan="4">禁止事項</td><td colspan="2">豚肉を食べてはいけない</td></tr>
<tr><td colspan="2">酒を飲んではいけない</td></tr>
<tr><td colspan="2">偶像崇拝の禁止</td></tr>
<tr><td colspan="2">女性は顔や体を人前で見せてはいけない</td></tr>
</table>

中には、「多様性を求めない人」もいる。その「多様性を求めない」「多様性に反発する」人までも含めて、多様性として受け入れていくべきなのか。これは今後の課題だと思います。

池上　そうですね。実は日本にも、イスラム教徒が集中して住んでいる地域があります。埼玉県の川口市や蕨市近辺には、クルド人が大勢暮らしているんです。トルコ国内で抑圧されて逃げてきた人たちで、日本に難民申請をしている。ただ、日本政府としてはトルコとの関係上、難民認定はしにくくて、人道的な配慮から滞在を許可している状態なんですね。彼らは地域のイベントに参加したりして、日本人と積極的に交流している。しかし、一部では周辺住民との軋轢《あつれき》も起きていると聞きます。

入山　はい、最近はネットなどではかなり取り上げられていますよね。少なくとも一部のクルド人にとっての常識は我々日本人と違う。他方で、先鋭的なクルド人の中には、あるいは日本人もそうかもしれませんが、自分の常識だけが正しいと考える人もいるので、別社会の常識を受け入れられない、となるわけですね。

実は、移民って世界の経営学では、重要な研究テーマになっているんです。たとえばアメリカで成功して一〇億米ドル（約一六〇〇億円）以上の時価総額のスタートアップを作った起業家のうち、五五％が移民なんです。[4] やはり、移民はものすごいパワーを持っている。アメリカの多様性の強さを示していますね。

他方で、これは元々が移民の国であるアメリカだからできることかもしれません。先に述べた制度理論で説明する「常識」の衝突は、同質性の高い日本ではより顕著に起きるかもしれません。私は多様性のプラス面を信じたい立場ですが、同時に宗教的な背景を中心に、課題もこれから色々出てくるでしょうね。

■「ティール組織」と相性がいいイスラム教

入山　近年、米マッキンゼー出身のフレデリック・ラルーが書いた『ティール組織』（技術評論社）が世界的なベストセラーになっています。ティール組織とはどういうものか簡単に言うと、経営者や上司が管理するのではなく、個人がそれぞれの判断で行動する、自律分散型の組織です。私は「このティール組織とイスラム教はすごく相性がいいんじゃないか」と思っているんですね。

従来の会社は、カトリック教会などと同じように、階層型になっていたわけです。ところが現在のような変化の激しい時代には、階層は減らしてフラットにしたほうがいい。これは経営・ビジネスの世界でいま盛んに言われています。上も下もなく、横につながりながら、各自の判断で、その場その場で自由に動ける組織の方が強い、ということです。ただ、このような組織が機能するためには、メンバー全員が価値観を共有していなくてはな

4　https://www.forbes.com/sites/stuartanderson/2018/10/25/55-of-americas-billion-dollar-startups-have-immigrant-founder/

りません。

池上　入山さんのお話にあった「共感性」ですね。

入山　はい。何か共感・腹落ちできるものがあるから、一緒に活動することができる。実際、最近は、お互いに直接会ったことのない人たちが、世界中にバラバラに散った状態で運営しているベンチャー企業がけっこう存在しています。

たとえば私が社外取締役をやっている一社に、ＩｏＴプラットフォームのソラコムというベンチャー企業があります。ＩｏＴは「モノのインターネット」のことで、これからは自動車とか、ガスメーターとか、様々なモノがネットでつながって動く時代なので、そのプラットフォーマーをやっている会社です。業績は非常に順調で（二〇二四年三月に上場）、何よりすでにすごくグローバル化しているのですが、私はそこの社員とほとんどリアルで会ったことがないんです。欧州の拠点に所属しているはずの社員が、実はニュージーランドに住んでいたりします（笑）。世界中に散らばっている。

なぜソラコムがこういう感じでもうまく回っているかというと、やはり軸となる考え方、価値観に共感しているからこそ可能なんですね。ソラコムの場合は「ＩｏＴの民主化」という考えを、世界中に散った社員が末端まで信じている。だから機能する。世界の若い人たちは、実際にこうやって自律分散的に動き出しているんです。

イスラム教も、やはり『コーラン』という強力なものが中心にあります。そして階層型の教団はそもそも存在しない。信仰を同じくする人たちが、世界中で緩やかに連帯している。実はある意味で、これからの時代にとてもフィットした宗教なのだと思います。

池上　一日に五回のお祈りがあるでしょう。みんなが同じ行為をすることで連帯感が生まれている面はありますよね。それから、断食。ラマダンと呼ばれる月の間は、日の出から日の入りまで飲食を一切しません。これもイスラム教徒の一体感を高めている。

入山　さきほども話題になりましたが、「行為の宗教」ゆえに、生まれる連帯感があるんですね。

池上　そうです。でも、教団をつくるわけではない。あくまでも一人ひとりの信仰が大切なわけです。

入山　自律分散型のデジタル会社も、たとえば「正午になったらデジタル上でみんなに挨拶する」とか、「行為の共感性」みたいなものをさらに取り入れていく必要があると思いました。参考になります。

■ISはネットワーク型テロ組織

入山　あくまでも素人から見た印象なんですけれども、実はそう考えると、イスラム国（ＩＳ）のメンバーも、かなり、自律分散的に動いている気がするんですね。指導者を中心とした明確な指揮系統があるわけじゃなくて、それぞれが自分の判断でミッションを遂行するイメージというか。

池上　その通りだと思います。ＩＳはネットワーク型のテロ組織なんですよ。彼らの大きな目標は、要するに「世界イスラム化計画」です。日本も含め、世界中を「目覚めさせてやろう」と。当初は、各地からメンバーを集めて訓練して、組織的に送り出す形をとっていたんですが、国際的な警戒が強まって難しくなってきた。そこで彼らは、「だったら、それぞれの場所で各自に活動をさせればいい」と考えたんですね。

入山　ティール組織のようなスタイルでいこうと。

池上　ＩＳは動画を活用しました。アラビア語だけでなく、英語など様々なバージョンを用意してインターネット上にアップした。これがよくできているんです。血湧き肉躍る感じで、若い男の子が見たら「俺もイスラムの理想のために一緒に戦うぞ」って気分になる。こうして各地でテロが起き始めるというわけなんですね。

入山　私も、いろいろな企業の方から「社員や就職希望の人にセンスメイク（腹落ち）をさせるには、どうしたらいいですか？」と聞かれたときには、「動画をつくってください」と答えています。[5] 昔だったら、パンフレットでリーダーが夢を語るとか、そんな方法しかありませんでしたけれども、いまは便利なツールがあるんだから活用しない手はない。「三〇年後、こんな未来を作りたい」とか、共感を呼ぶ動画をつくったらいいんです。

池上　ＩＳは以前から、「高い給料を払うから、動画の作成を担当してくれ」と技術者をリクルートしていました。褒めるのも変な話ですが、非常に先進的だったと思います。

メンバーの行動からもわかるように、ＩＳはグローバルテロリストなんです。決して「民族主義」ではない。入山さんのおっしゃる「共感性」を軸に、民族を超えて横のネットワークを広げている。ここには注意する必要があります。

■組織を動かす力は時代によって変化する

入山　ここまでを踏まえて、この章の最後に、組織を動かす「ドライビングフォース（牽

5　第一章の解説も参照。

引力)」について、お話をしてみたいんです。ティール組織の概念を提示したフレデリック・ラルーという人は、ドライビングフォースは歴史とともに変化すると言っているんですね。

池上　組織を動かすメカニズムが、時代によって変わるということですか?

入山　はい。ラルー氏の考えを踏まえながら、私自身は、以下のような仮説を持っています。まず、中世までの組織を動かしてきた牽引力は、「パワー」です。特に宗教や王制などの「権威」のパワーが、組織を統治していた。

これを大きく変えたのが、一八世紀後半からの産業革命です。以降は、株式資本主義の浸透により、市場の論理が浸透していった。結果、「効率性」がドライビングフォースになったわけです。現在でも、たとえば経済学のほぼ全ての理論では、企業は「費用を最小化する」という行動をとることが前提になっています。

しかし、私の理解では、これに加えて近年は、「認知・感情」「ネットワーク」がポイントになってきているんです。もちろんこれらは昔から重要だったんだけど、いま変化が激しく、他方でSNSなどで人がつながりやすい時代、さらに重要になってきている。

まず、重要なのは組織の中心であるリーダーが提示するビジョンに対して共鳴することです。特にスタートアップ全盛の現代では、そういった企業で働く社員は起業家への共感が何よりカギになる。イーロン・マスクのテスラとかスペースXがその典型ですね。

でもこの関係性は、ある意味で、経営者を頂点に置いたピラミッド型です。テスラもみんなイーロン・マスクに共感しているのであって、必ずしも社員の横同士の共感性が強いかはわからない。

でも今後は、通信技術の進歩により、さらに横同士がつながりやすくなる。すると、イーロン・マスクのような中心人物がいなくても、同じ価値観さえ共有できれば、横でつながって中心がやがてなくなり、自律分散型の組織になるのではないかと考えているんです。つまり、「認知・感情」と「ネットワーク」が今後もドライビングフォースなのは変わらないのですが、そのネットワークがより広がるとともに自律的になっていくイメージですね。そして、この新しい社会にフィットする土台を持っているのが、イスラム教だと思うんです。

池上　現実の社会は、まだそこまで達していない？

入山　そうですね。そもそも、まだまだ「効率性」重視の企業が多いです。最近は、孫さんのソフトバンクとか、先のユーグレナとか、カリスマ経営者に共鳴して人が集まるケースも目立ちます。ただ、今後は、誰か特定の人物を信奉するとかではなくて、価値観を共有している人たちが自律分散的に動くようになる企業も増えると思うんです。だんだん中心がなくなって、バラバラの個人が横の関係でつながり始める。

池上　江副浩正さんがいなくなったあとのリクルートって、ちょっとそんなイメージがありますね。人によって本当にいろいろな仕事をやっていて、でも全体としては一つのブランドで統一されている。

入山　ああ、確かにそうです。かつては江副さんという中心があって、そこから放射状に指揮系統が伸びていた。でも、いまは社員全員ではありませんが、「リクルートらしさ」を共有している人たちは、各自の判断で仕事をしている印象です。社内の方々に話を伺うと、二つの特徴的な企業文化があります。ひとつは、新たなチャレンジをするにあたって「結局自分は何をしたいのか」を徹底的に突き詰める。そして、もうひとつの文化が「顧客とのイタコ化」です。恐山のイタコのように、徹底的に顧客視点に「乗り移る」ことで、顧客の不安や不満などの要素を突きとめて、それを解消することを考える。この企業文化が成長の原動力になっています。

池上　今後は、近代資本主義の常識では考えられないような組織が、どんどん現れてくるんでしょうね。そのときに、イスラム教から学べることはたくさんありそうです。

入山　先鋭的なイスラム教の一部の人たちは、社会に摩擦をもたらすかもしれない。でも同時にこの宗教は教団を持たず、横のつながりによって長く信仰されてきたわけですから、これからの組織経営に多くの示唆を与えてくれるのだと思います。

第六章　アメリカ経済の強さも矛盾も、その理解には宗教が不可欠

解説　宗教と経営の学びあいは、さらに続く

入山章栄

本章では締めくくりとして、超大国アメリカの強さと不思議さの背後にも、宗教が深く埋め込まれていることを池上さんと議論している。

しかしこの解説部では、本章の対談で新しい経営理論が出てこないことに加え、私の解説も最後になるので、ここまでの対談・解説を通じて浮かび上がってきた私の学びを、要点だけ簡単に整理したい。ここまで読んできたみなさんは、私の学びの要点以外にも、色々な学び・気づきを得ていただけたかと思う（そうであれば嬉しい）。とはいえ、解説部もこれで最後であり、せっかくなので私の学びを披露させていただこう。

■対談から得た学び

そもそも、本書冒頭の「本書を手に取った方へ」で述べたように、本書には三つの目的があった。その三つの目的に沿うと、私自身は少なくとも以下のような大きな学びを得た。

当初の目的①：池上さんと私の対談を通じて、宗教の基本や最新事情を知ってもらい、ビジネスパーソンに自身のビジネス・経営へのさらに深い理解を得てもらう（宗教の理解→経営・ビジネスへの学び）

・宗教と優れた企業経営の共通点は、ともにセンスメイキング（腹落ち）で人を動かすことにある。環境変化が乏しく、終身雇用が前提だった時代の以前の日本では、腹落ちが弱くても企業は経営できた。しかし変化が激しく不確実性が高く、雇用の流動化も進む中で、腹落ちのない企業は前進できないまま、凍死するだろう。だからこそ、センスメイキングで成功してきた宗教から学ぶべきである（第一章）。

・イノベーションを起こすには「知の探索」と「知の深化」を同時に行う「両利きの経営」が不可欠である。しかし、多くの企業は効率的な「知の深化」だけに傾く傾向があり、「知の探索」を行わなくなる。結果、それが企業の停滞を生んでいる。そして「知の探索」を続けるにはセンスメイキングが不可欠である。これが、そもそも「優れた企業の多くには、宗教的な側面がある」ことの説明になる（第二章）。

・ベンチャー企業にはカルト的な側面が不可欠である。他方、エコロジーベースの進化理論のVSRSプロセスに基づくと、ベンチャーが成功するには、「自社の強みと外部環境がフィットして、環境から選ばれること」「社会的正当性の獲得」が必要となる。この点で、宗教組織は時の社会環境にフィットする必要があり、正当性の獲得も成功に不可欠なので、参考にできる部分が多い。たとえば戦後の日本なら、創価学会は現世救済型であることが高度経済成長にフィットし、強引な「折伏」をやめたり、政治参加をすることで社会的正当性を獲得できたから成功してきた（第三章）。

・イスラム教のように、その価値観が信者のあいだに深く共有されていくと、自律分散型の「ティール組織」が実現できる可能性がある。ビジネス・経済界でもシェアード・リーダーシップを伴った自律分散型組織の登場が期待されていることを踏まえると、やはり「組織の宗教化」がより重要なテーマになってくる（第五章）。

当初の目的②：「人と組織の学問」である経営理論の視点を使うことで、一般教養としての宗教をさらにわかりやすく理解してもらう（経営理論→宗教の理解）

・宗教団体の「カルト」「セクト」がいかに「チャーチ」になり得るかは、エコロジーベースの進化理論のＶＳＲＳプロセスでかなり説明できる（第三章）。

・また近年、伝統的な宗教団体が入信者を獲得できないのも、ＶＳＲＳプロセスで説明できる。結果、若者を中心に伝統的な宗教離れが進む中で、特に現世救済型の心の拠り所の受け皿として、「社会的大義をもったベンチャー企業」「推し活」「オンラインサロン」などが台頭している（第二章、第三章）。

・宗教の本質を説明する経営理論には、センスメイキング理論に加えて制度理論がある。宗教内・宗派内では、外部から見たら合理性はなくとも、その中だけで特定の常識が正当化され、メンバーの行動が同質化する。結果、その内部ではコミュニケーションが容易になり、共感性が高まり、センスメイキングが生まれる。他方、常識はただの「幻想」

なので、絶対の正解はないから、異なる常識を持つ宗教と対立が生じやすい（第五章）。

当初の目的③：国際社会の基本ＯＳ（オペレーティング・システム）である宗教を学び、これからさらにグローバル化するビジネスやご自身の仕事への示唆を得てもらう

・キリスト教プロテスタントのカルヴァン派の思想は、資本主義と相性が良かった可能性が高い。だからこそオランダは世界最初の株式会社を作り、イギリスで産業革命が起き、アメリカが超経済大国となった（第四章）。

・国家レベルでの宗教ＯＳ化のメカニズムも、制度理論で説明できる。その国で普及している宗教の常識は、空気のように気づかないほど浸透し、ＯＳ化する（第五章）。

・アメリカの超競争社会も、成功した経営者やプロスポーツ選手が途方もない高額年俸をもらっても許されるのも、あるいはそういった成功者が現役引退後に慈善事業をしたり、寄付をしたりするのも、カルヴァン派の思想ＯＳに根ざすものである（第四章、第六章）。

・先にも述べたように宗教の常識は「幻想」なので、国家・文化レベルでも、異なる常識のあいだで対立が生じやすい。たとえば、今後は日本もビジネスでイスラムの人たちとの関わりが増える可能性を考えると、イスラム教という基本OSを真剣に理解する必要がある。インドが台頭するこれからは、ヒンドゥー教の理解も重要だろう（第五章）。

いかがだろうか。これらの学び以外にも、読者のみなさんそれぞれが、様々な知的刺激を本書から得ていただけたのなら幸いである。

■「企業経営はさらに宗教化すべし」

私の解説はここで終わるが、この「宗教と経営を結びつけて考える」という、新しくも本質的な視点の探究は、始まったばかりである。池上さんとの対談を通じて、この視点は今後さらに重要になると私は確信した。経営学者として、私はさらにこの知的探検を続けていこうと思っている。本書で紹介していない宗教は数多くあるし、宗教と経営やビジネスの接点は他にも様々あるはずだ。
これからの時代は「企業経営はさらに宗教化すべし」が、私の信念となった。もちろん宗教には、社会で騒動を起こすカルト宗教のような怖い部分もある。しかしそれ以上に、「人」「組織」「信じるものへの行動」という意味では共通点ばかりで、その知見を良い方向に使っていけばいいだけのはずだ。読者のみなさんとも、ぜひどこかで語り合える機会があればと思っている。

なお、本書では様々な経営理論を紹介してきた。より経営理論に興味が出てきた方や、さらに深く理解したい方は、拙著『世界標準の経営理論』を手に取っていただきたい。

では、本書の出版に多大なる貢献をしてくれた文藝春秋社ならびに関係各社のみなさま、読者のみなさま、そして何より何度も対談にお付き合いいただき胸を貸してくださった池上さんに感謝しながら、アメリカと宗教についての対談に入っていこう。

■個人主義でリスクを恐れず短期志向

池上　この最終章では超大国アメリカを、宗教そして経営学の視点から読み解いていきたいと思います。

入山さんはアメリカの大学院で経営学の博士号を取得されていますね。その後も向こうで研究者として活動なさっていました。入山さんからご覧になって、やはり日本とアメリカの国民性は違うものですか？

入山　はい、大きく違いますね。実は、国民性を単なる印象論ではなく、データをもとに定量化する研究が世界の経営学ではたくさん存在しています。その中で、いちばん頻用度が高いのが「ホフステッド指数」というものです。世界中の経営学者が、この指数を研究に使っているんですね。

開発したオランダの社会心理学者のヘールト・ホフステッドは、「各国の国民性は六つの次元で説明できる」としています。彼は一九六七年から一九七三年にかけて世界七二カ国で、多国籍企業であるＩＢＭ社の従業員一一万人に質問票を送り、そのデータを使って各国の国民性を定量的に分析しました。その後も何度か改訂を行い、調査の対象国も増え、今ではより充実したものとなっており、経営学者の間ではかなり信頼できる指標として使われています。このデータはウェブサイト（https://www.hofstede-insights.com/country-comparison-tool）で簡単に見ることができます。ホフステッドによると、各国の国民性・価値観は次の六つの次元で表せるのです。

個人志向性（Individualism）：その国の人々が個人を重んじるか（個人主義）、集団のアイデンティティを重んじるか（集団主義）

権力格差（Power Distance）：その国の人々が、権力に不平等があることを受け入れるか

不確実性の回避度（Uncertainty Avoidance）：その国の人々が不確実性を避けがちな傾向があるか

男性性／女性性（Masculinity）：その国の人々が競争や自己主張を重んじる「男らしさ」で特徴づけられるか

長期志向性（Long-term Orientation）：その国の人々が長期的な視野をとるか

人生の楽しみ方（Indulgence）：その国の人々の人生の楽しみ方は充足的か、それとも抑制的か

　このうち日本人とアメリカ人の違いが顕著なのは、まず「個人志向性」です。その国の人たちがどのくらい個人志向が強いか、あるいは集団志向が強いかという話で、統計分析の結果、アメリカ人はこの指標の数値（＝個人志向性）がものすごく高い。そして日本人はアメリカ人と比べると、この数値がはるかに低い。つまり集団志向が強いんですね。

池上　よく指摘されることですけれど、データとしても裏づけられていると。

入山　そうなんです。他にも日米の差が大きい指標があって、一つは「不確実性の回避度」。この数値は日本人がすごく高い。やっぱり日本人は国民性として、不確実性を避けるんです。

池上　とにかくリスクを恐れますもんね。

入山　はい。で、ご想像の通り、この指標のアメリカ人の数値は低い。リスクを恐れないんです。そして、もう一つ日米の差が大きいのが「長期志向性」。どのくらい長期的に物事を考えるかということで、これは日本が高くて、アメリカが低い。

池上　端的に言うと、アメリカ人っていうのは個人志向でリスクを恐れず、短期的に物事を考えるということですか？

入山　そういうことです。私たち経営学者は、このデータを使って、「アメリカの会社は日本の会社に比べてこういう行動をとる傾向があるんじゃないか」などといった分析を行ってきました。

でも、私が長らく問題だと思ってきたのは、国民性について「なぜ？」の研究がほとんど存在しないことなんです。つまり経営学者たちは、なぜアメリカ人が個人主義なのか、なぜリスクを恐れない短期志向なのか、その理由をきちんと考えてこなかった。これは私の、長い間の問題意識だったんですよね。

そして、今回ここまでこうやって池上さんと対談をして、初めて「もしかしたら答えが出るかもしれないな」と感じているんですね。つまり、それがすべてとは言いませんが、かなり宗教の影響が大きいのではないか。宗教的規範がアメリカ人の中に埋め込まれていて、それが個人主義的な志向に作用している可能性が高い。ここを読み解いていけば、アメリカが持つパワーの秘密が見えてきそうな気がします。

■成功者は神に祝福されている

池上　アメリカという国は、イギリスで英国国教会に弾圧されたピューリタンが海を渡ってきたところから始まりました。

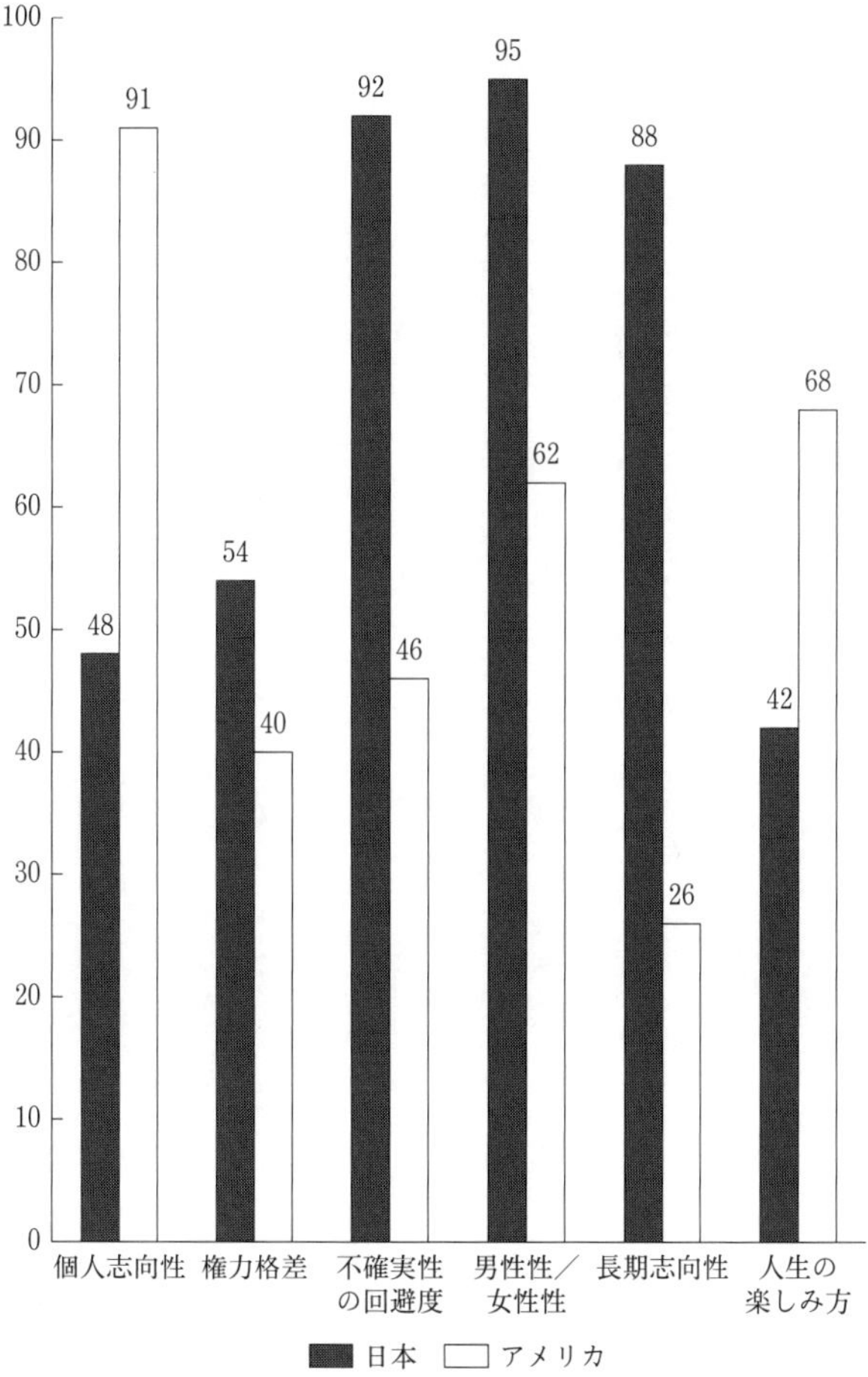

「ホフステッド指数」でみる日本人とアメリカ人の国民性の違い

（Hofstede Insights のホームページをもとに作成）

ここでイギリスのキリスト教会の歴史の流れを簡単に振り返りましょう。英国国教会は国王ヘンリー八世が離婚したいために始めた宗教といわれています。ヘンリー八世は王妃との間に男子が生まれないことに焦り、王妃の侍女を愛人にしようとしたんです。すると、侍女からは正式な結婚を求められました。王妃とは離婚しなければなりませんが、カトリックでは離婚が認められていないので、国王はローマ教皇に承認を求めたところ、教皇は離婚に反対し、国王を破門してしまった。

そこでヘンリー八世は一五三四年に「イギリス（イングランド）の教会の首長はイギリス（イングランド）国王である」と宣言して議会にも認めさせ、カトリックから独立した英国国教会が発足しました。彼は、自分の方針に反対した側近を処刑し、さらにカトリックからの独立に反対するイングランドのカトリック教会や修道院を自分のものにして、莫大な富を手にしました。

英国国教会は教義の違いによる独立ではなかったので、宗教儀式もカトリックの色彩を強く残し、君主制や身分制を重んじていました。これに対して、イギリスの庶民たちは、カルヴァン派の影響を受けて不満を募らせていたのです。こうした熱心な信仰心を持つ信者を、エリザベス一世が「ピュア（純粋）な人たち」と皮肉ったことから、彼らはピューリタン（清教徒）と呼ばれるようになった。カルヴァン派の影響を受けたピューリタンの思想をベースに、アメリカでは個人主義的な国民性が形成されていったわけですよね。

入山　池上さんに薦めていただいた橋爪大三郎さんの著書によると、カルヴァン派では、一人ひとりが神の前に立って直接向き合うことになる。[1] 大切なのは神との関係だけなので、周りの人間のことはどうでもよくなる。これが個人主義に帰結するわけですね。そして、神以外の他の者は誰も信用できないから、人間不信になっていく。だから、あのように法律によってがんじがらめで縛るような形で他人と関わる、いわゆる「契約社会」が出来上がっていく。

池上　カルヴァン派の予定説では、誰が救われて誰が救われないか、あらかじめ決まっています。ということは、家族や友人も含め、自分の周りの人も救われない可能性がありま す。そうなると、救われない人間、つまり救済に値しないような人間のことを、心の底からは信頼できないという話になってくる。

入山　私はアメリカに一〇年いたので、徹底した個人主義の国で契約社会であることは実

1　『世界は宗教で動いてる』光文社未来ライブラリー（二〇二一）

感として理解していました。でも、理由はよくわかっていなかったんです。その背景にはカルヴァン派（プロテスタント）の宗教的規範があったのだと知ると、様々な体験がめちゃくちゃ腑に落ちるところがありますね。やっぱりアメリカというのは、びっくりするくらい宗教的な国なんだと思います。

そしてもう一つ、橋爪さんの本を読んでいて「確かにそうだな」と感じたのが、アメリカ人は「成功者は神に祝福されている」と考えるという点です。これは神学者である森本あんりさんの著書でも詳しく解説されていますが、何かの分野で成功した人は、カルヴァン派（プロテスタント）の「予定説」に基づき、「神に選ばれた人」として称賛されるんですね。[2]

池上　一生懸命に働いて成功を収めた場合に、「神に祝福されたから成功したんだ。神に選ばれたんだ」と考える。厳密には、現世で成功したからといって、実際のところ神に救済されるかどうかはわからないんですけれども、彼らはそのように理解します。

入山　経営学の世界には、「アメリカ企業のCEOがもらっている給料は高すぎるんじゃないの？」っていうことを研究したり議論する人たちもいます。何十億円とか、ヘタをすると何百億円とか年俸をもらっている。でも、アメリカ国内では不思議なくらい批判や妬みが聞こえてきません。おそらく、「彼らは努力した結果、神に祝福されたんだから当然だ」って考え方なんでしょうね。

池上　日本だったら、「あいつだけ金持ちになった。ずるい！　許せない！」ってことにもなりそうですよね。ところがアメリカだと、「おめでとう！　自分も努力して成功したいね」ってなるんでしょう。

■救済が保証されないから、さらに努力する

池上　メジャーリーグの選手も、何十億円と年俸をもらっています。私なんかは「一〇億でもすごいのに、どうして何十億も欲しがるの？」って思ってしまうんですけど、あれはきっと金額の問題だけじゃないんだろうなと。「これだけ神の祝福を受けている」という証なんじゃないですかね。だから、たとえ五〇億もらったとしても、「一〇〇億を目指そう」って、さらに上を目指すことになる。

入山　アメリカでは、研究者同士の競争も猛烈に激しいんです。ようやく博士号をとって

2　『宗教国家アメリカのふしぎな論理』NHK出版新書（二〇一七）

大学のアシスタント・プロフェッサーとかになって一生懸命に頑張っても、多くの人は途中でクビになったりして浮かばれないんですね。ごく一部の勝ち残った学者たちが、ハーバード大学やMIT（マサチューセッツ工科大学）あたりの超一流校の教授になります。でも興味深いことに、彼らはそこで満足しない。もっと頑張るんです。私なんかはもっと低いレベルでも「もう、いいじゃん」って思ってしまうんですけど（笑）。たぶん彼らは、「自分は神に選ばれた」と思って努力を続けているんじゃないでしょうか。

池上　さきほど、現世で成功したからといって、神に救済されるかどうかはわからないという話をしました。成功を収めて「神に選ばれた」と思っている人でも、このことには気づいているのではないか。論理学の必要条件と十分条件でいうと、十分条件はいつまでも満たせないから、自分が救われる確信は持てないわけです。だから不安になってきて、さらに頑張ることになる。

入山　なるほど。そうやっていつまでも頑張ってしまう。

池上　そして、晩年になると資産をほとんど寄付しますよね。それは『新約聖書』の「マタイによる福音書」にこのようなエピソードが書かれているからです。ある金持ちの青年が「永遠の命を得るには、どんな善いことをすればよいのでしょうか」とイエスに訊ねます。イエスが十戒を守りなさいと告げると、彼は「そういうことはみな守ってきました。まだ何か欠けているでしょうか」と再度訊ねる。すると、イエスはこう諭します。

「もし完全になりたいのなら、行って持ち物を売り払い、貧しい人々に施しなさい。そうすれば、天に富を積むことになる。それから、わたしに従いなさい。」青年はこの言葉を聞き、悲しみながら立ち去った。たくさんの財産を持っていたからである。

イエスは弟子たちに言われた。「はっきり言っておく。金持ちが天の国に入るのは難しい。重ねて言うが、金持ちが神の国に入るよりも、らくだが針の穴を通る方がまだ易しい。」

つまり、金持ちのままでは天国に行けないから、敬虔《けいけん》なキリスト教徒は死ぬまでに自分の財産を処分してしまおうと考えるのです。

入山　お金持ちになったのは神に祝福されているからだけれども、そのお金を持ったままでは天国に行けない。こういう理屈なんですね。

池上　そうです。ビル・ゲイツも、離婚前に奥さんと一緒に「ビル&メリンダ・ゲイツ財団」という慈善基金団体を立ち上げています。以前、彼にインタビューしたときに、「金持ちが天国に行くのは難しいって聖書に書いてあるから寄付したんですか?」って聞いたら、笑って答えませんでしたが(笑)。

入山　池上さん、さすが踏み込みますねえ(笑)。彼は敬虔なプロテスタントですよね。

池上　必ずしも熱心なクリスチャンじゃなくても、そういう意識をみんなどこか持っています。結果的に、いろんなところに寄付金が集まる。大学もそうです。

入山　はい。私が博士号を取るために通っていた米ピッツバーグ大学のビジネススクールは、「カッツ・スクール」という名前でした。それは、ジョセフ・カッツさんというお金持ちが寄付をしてくれたからです。お隣にあったカーネギーメロン大学のビジネススクールは、「テッパー・スクール」といいます。これもデビッド・テッパーさんという富豪が巨額の寄付をしたから。名門ペンシルヴァニア大学のビジネススクールは、「ウォートン」という名前で有名ですね。向こうの大学にはものすごい額の寄付が集まりますからね。こうした文化も、アメリカ社会の強みの一つになっていると思います。

池上　聖書の記述から、寄付の文化が生まれたわけですね。アメリカには国立大学がなく、UCLA(カリフォルニア大学ロサンゼルス校)などの州立大学はあるものの、ハーバードやスタンフォードをはじめ、ほとんどの大学が私立です。大金持ちになった人が寄付するため、各大学の財政状態は豊かなんです。

■隣人愛の実践と「強欲資本主義」

入山　橋爪さんの本を読んでいて興味深かったのが、「市場に製品を供給することは、隣人愛の実践だ」というアメリカ人の考え方です。市場メカニズムの中で自分のビジネスが成功しているのは、その事業に需要があるから。つまり隣人の求めているものを提供しているのだから、隣人愛の実践にあたるのだと。ゆえに、アメリカ人は市場主義を大事にするわけなんですね。

こうして見てくると、ウォール街やシリコンバレーをはじめ、アメリカのビジネス界に通底する価値観は、宗教によって形成されたことがわかります。個人主義で、契約重視で、市場メカニズムを尊重する。そして、とにかく一生懸命に働くっていう。

池上　こうした価値観がアメリカのパワーの源泉なんでしょうね。

入山　ただ、宗教を拠り所にしているがゆえの問題もあるようなんです。森本あんりさんの本によると、アメリカの成功者は、最後のほうになると何のために働いているのかわからなくなってくる（笑）。成功するために頑張っているうちはいいんですが、成功したあと、何をすればいいのか途方に暮れてしまうという。

池上　ははは、なるほど。

入山　神様に認めてもらうために頑張っているだけで、自分なりの目的があるわけじゃない。だから、アメリカ人は短期志向になるのかなって気がするんです。はっきりとした目的がないから、「とりあえず金を稼ごう」って話になる。「強欲資本主義」とも呼ばれるウォール街の体質は、このあたりに原因があるのかもしれません。

■信心深さの原点は「リバイバル（信仰復興）」

入山　これまでの章で、共感性の大切さとか、いろいろお話をしたと思うんですけど、やっぱり根本のところで人間を動かしているのは「恐怖」なのかなって思うんです。アメリカ人を含め一神教を信じる人たちは、強い恐怖心があるから、神に対して嘘はつけない。嘘をついたら絶対に救われないと思っているわけですよね。

池上　その通りです。アメリカの大統領が就任するときには、聖書に左手を置いて宣誓をします。裁判や議会に呼ばれた証人もそうです。一九七〇年代のロッキード事件のときに、上院の委員会に呼ばれたコーチャンというロッキードの副社長が、あちこちに賄賂を贈っていたと洗いざらい話してしまったことがあったんですよ。日本人の感覚だと、「なんでこんなにしゃべるの？」って思ってしまうんですけど、彼としては「神に誓ったんだから嘘はつけない」ってことなんでしょう。

入山　政教分離の原則があるはずなのに、聖書に手を置いて宣誓するのは奇妙な感じがします。

池上　アメリカの政教分離は、キリスト教徒であることが大前提なんです。建国当時に、キリスト教の特定の宗派が権力を握ってはいけないと考えたことがルーツなんですね。当初、海を渡ってきたのはピューリタンでしたが、独立宣言をして一三の州で合衆国がスタートするころには、他宗派の信徒もたくさん存在していました。

入山　私の住んでいたペンシルヴァニア州は、クエーカーが多いんです。

池上　クエーカーの信徒で植民地総督だったウィリアム・ペンが州の名前の由来ですから。こうした様々なキリスト教の宗派の人たちが、それぞれ信教の自由を謳歌できるようにするのが、アメリカの政教分離の意味なんですね。

入山　森本あんりさんの本によると、植民地時代から繰り返し「リバイバル（信仰復興）」

と呼ばれる動きがあって、独立への原動力にもなったそうです。当時の牧師は、ハーバードやイェール大学出身の知的エリートで、長々と難解な説教を行っていた。そこに、お説教を垂れるプロみたいな「巡回説教師」たちが現れた。巡回説教師は学歴も資格も持っていなかったけれど、単純で素朴な言葉で語り、多くの人々が熱狂していく。これこそがアメリカ人の信心深さの原点なんだと。

池上　いまでも同じようなことが行われています。中西部から南部にかけては熱心なキリスト教徒が多くて、「バイブル・ベルト」とも称されますよね。このあたりには五〇〇〇人くらい収容できる巨大な教会がある。「メガ・チャーチ」と呼ばれています。日曜日には大勢の人が集まってお説教を聞く。さらにケーブルテレビで中継もされる。私も取材で南部に行ったときに、ホテルのテレビで何度か見たことがあります。これが見事なお説教なんですよ。実に説得力がある。プレゼンテーション能力で信者を獲得することができるんだって、本当によくわかります。

■突然宗教に目覚めた「リボーン・クリスチャン」

池上　リバイバルに関連して、もう少し話をしてみます。科学が発展するにつれて、聖書に書かれていることは本当なのかっていう研究がヨーロッパで進んだんですね。たとえばノアの箱舟のエピソードとか、科学的に分析すると現実にはありえないってことがたくさん出てくるわけです。こうした研究結果が伝わってきたときに、アメリカ人の反応は二つに分かれました。「やっぱりそうか。『聖書』に書かれていることは、あくまでも物語として受け止めればいいんだな」と考える人たちがいる一方で、「そんなはずはない。聖書に書かれていることは真実なんだ。アダムとイブから人間が生まれたんだ」と反発して、かえって原理主義的になる人たちも現れた。「福音派」と呼ばれる人たちです。これもある種のリバイバルになっていきます。

入山　ドナルド・トランプ前大統領の支持層でもありますね。

池上　そうです。もう一人、福音派の支持を受けて大統領になった人物にジョージ・W・ブッシュ（息子）がいます。彼は、「リボーン・クリスチャン」と呼ばれているタイプなんです。若いころは飲んだくれていて、どうしようもない男だったんですね。それがあるとき突然、宗教に目覚めた。急に敬虔なキリスト教徒になったんです。そして福音派の支持を得て大統領になる。こういう「生まれ変わったクリスチャン」というのが、実はアメリカにけっこういます。

入山　邪推ですけど、政治家になってから後付けでそういうことを言っているとか（笑）。
池上　そこは確認しようがないですけどね（笑）。まあ、本人はそう言っていると。

■「神の国」であるがゆえの傲慢さ

入山　福音派とは、『聖書』を一字一句、そのまま信じている人たちという理解で間違いないでしょうか？
池上　はい。『新約聖書』に収められている四つの福音書を、本当に信じている人たちということですね。ちなみに福音とは、「よい知らせ」という意味です。たとえば福音派が多いテネシー州には、かつて「進化論禁止法」という法律がありました。学校で進化論を教えてはいけなくて、教えた先生は裁判にかけられたりしていた。
そもそも建国当時のピューリタンからして、『聖書』を一字一句そのまま信じている人たちでした。こんなエピソードがあります。一六二〇年一二月にメイフラワー号で現在のマサチューセッツ州プリマスへ最初に到着した一〇二人のメンバーを「ピルグリム・ファーザーズ（建国の祖）」と呼びますが、彼らと接触した先住民（ネイティブアメリカン）たちが次々と伝染病で死んでいったんですね。ヨーロッパからいろんな病原体が持ち込まれて、免疫のない先住民はバタバタと倒れてしまった。

結果として、広大な土地が空く。それを見て、ピューリタンたちは『旧約聖書』の「出エジプト記」を思い出したわけですよ。「神はモーセたちにカナンの地を与えたように、私たちに約束の地を用意してくださった。だから先住民は死んでいくんだ。この土地は我々のものだ」って。

入山　我々は神に選ばれたんだ、と。

池上　そうです。「神の国」なんだから、先住民を追い払おうが、土地を奪おうが、別に構わないってことになっていく。いまでもアメリカは、外交政策にも表れるように、傲慢、横暴なところがありますよね。それは、「神に選ばれた」っていう意識が彼らの遺伝子に刻み込まれているからだと思うんです。

入山　アメリカというのは、本当に何もかもが宗教の影響を受けている国なんですね。

池上　ピルグリム・ファーザーズの大半は厳しい寒さに耐えきれず、翌春を迎えることができませんでした。その一〇年後、ピューリタン約一〇〇〇人がボストンに上陸します。そのときの指導者ジョン・ウィンスロップは「山の上にある町」を築こうと呼びかけます。これも『新約聖書』に出てくる言葉です。

あなたがたは世の光である。山の上にある町は、隠れることができない。また、ともし火をともして升の下に置く者はいない。燭台の上に置く。そうすれば、家の中のものすべてを照らすのである。そのように、あなたがたの光を人々の前に輝かしなさい。人々が、あなたがたの立派な行いを見て、あなたがたの天の父をあがめるようになるためである。

『聖書』の教えに忠実であろうとする彼らの子孫が、のちに「福音派」と呼ばれるようになったわけです。

■しがらみの強い組織で新しいものはできない

入山　アメリカは、純粋な宗教の国なんですね。今回それがよくわかりました。
池上　本当にそうなんですよ。
入山　アメリカ建国のように、ゼロから純粋な思想でつくると、ピュアで新しいものができる。ちょっと脱線するかもしれませんが、これは組織改革の話とすごく関連しているな、と思いました。最近、いろんな国内の大学が改革をしようと頑張っていまして、なぜか私のところに相談に来てくださることがあるんですね。「入山先生、うちの大学の改革どうしたらいいんでしょう？」って。そんなときは、実は「無理です」と伝えているんですね（笑）。なぜなら日本の大学の多くが、トップに人事権がないからです。教授会が強いんです。そうなると既得権とか、いろんなしがらみを取り払うことはほぼ不可能です。ですから、建国時のアメリカのようにゼロから作るしかないんですよ。ＮＨＫだって、抜本的な改革は難しいですよね？

池上　その通りです（笑）。

入山　いま日本で特に注目されている、成功している大学は、大分県別府市にある立命館アジア太平洋大学と、秋田県が設立した国際教養大学だと思います。どちらも、ゼロから作られた学校です。ゼロベースで新しい大学を作ったから、国際性の豊かな新しい大学になったわけです。

　大学そのものを作るのが難しければ、せめて新しい学部を創設することですね。早稲田大学は一時期よりも人気がかなり回復してきているんですけど、これは国際教養学部っていう二〇〇四年に新しくできた学部がうまくいったのが大きい。ゼロから作ると、反対する既存の教授はいないし、しがらみがないし、純粋な思いや情熱を込めることができて、よいものが出来上がることが多いように思います。

池上 一つ参考になると思うのが、第二次世界大戦が終わったあとの、いわゆる財界追放です。連合国軍の指示で、財界の幹部がみんな追放されてしまった。結果、日本企業の経営陣が突然に若返ったんです。そうなると、「よし、新しいことをやってやろう」ってなりますよね。これが戦後の発展につながったんじゃないか。完全にゼロからつくり直すところまでいかなくても、もし経営陣の総入れ替えと若返りを徹底することができれば、組織を改革できる可能性はあると思います。

入山 池上さんのお話を伺っていて思い出したのが、バルト三国の一つ、エストニアです。最近はデジタル立国で大成功しています。私はすごく興味を持っていて、しばらく前に現地を訪ねてデジタル担当大臣と話をしたことがあるんですね。彼によると、一九九〇年代の初めに崩壊直前のソビエト連邦から離脱したあと、三〇代から四〇代の若者が中心になって国をつくり上げたそうなんです。だから、新しいことにどんどんチャレンジして、いまでは世界屈指のデジタル先進国になっている。

池上 エストニアが独立を回復して、モスクワから派遣されていたソ連の幹部連中がみんな引き揚げたわけですよね。結果的に若い人たちが実権を握ることができた。戦後の日本に通じるものがあります。しかし、日本がまずかったのは、かつての若者が六〇代になっても七〇代になっても居座り続けたことです。やっぱりどこかで若返りが必要なんだと思います。

■全国一律への嫌悪感

入山　第三章で「チャーチ・セクト論」に触れました。アメリカって宗教に限らず、セクト側の力が強い国だと思うんですね。権威あるものや大きなものへの反発がものすごくある。たとえば最近も、「グーグルは大きすぎるから分割しようぜ」って話が出ていて。

池上　独占禁止法違反だと司法省が訴えていますよね。

入山　けっこう平気で会社をぶっ壊したりする国なんですよ。

池上　日本だと、大企業が合併しようとするときに、市場を独占しないように「待ったをかける」ことはありますけど、「分割しろ」「解体しろ」って話にはならない。そこはアメリカと大きく違いますね。

入山　アメリカだったらＮＨＫも解体されたんじゃないかなあ（笑）。

池上　そもそもNHKのような全国規模の公共放送が存在しませんから。PBS（公共放送サービス）というネットワークはありますが、これは各地の放送局の集合体です。各局は受信料ではなく、公的な補助金や企業などの寄付で運営されています。だから、CMは流れないものの、「この番組は○○の提供でお送りしました」っていうお知らせは入るんですね。NBC、CBS、ABCといった民放のネットワークにしても、直営の放送局はほぼ大都市にしかなくて、あとは各地の局が加盟している形です。日本のようにキー局がつくった番組ばかりが放送されるわけでもありません。

アメリカ人って、全国一律に何かを行うことに嫌悪感や恐怖感を持っている気がしますね。連邦準備銀行（FRB）にしても、全国に一二もある。かつて一つの中央銀行にしようって話が出たときには、猛烈な反発がありました。やっぱり、一つのものを上から押しつけられることに対する心理的な抵抗がものすごく強い。セクト的な感覚が深く共有されているんだと思います。

■東海岸はチャーチ、西海岸はセクト

入山　私は、東海岸の方はよりチャーチ的で、西海岸は際立ったセクトではないかという

印象を持っています。シリコンバレーのIT企業をはじめ、ベンチャーはたいてい西海岸から出てきます。彼らは明らかにセクト的です。テクノロジーに関してはピュアで、東海岸にいるエスタブリッシュメントの既得権益をいかにぶっ壊すかを考えている。最近注目されているブロックチェーン技術もそうかもしれません。この技術があれば、ウォール街の銀行をぶっ壊せるかもしれないわけですから。まあ、グーグルくらい大きくなってしまうと、もはやチャーチと言えるのかもしれませんが。

池上　日本でも、関西の人たちは反権威、反中央なところがありますよね。関西のテレビ局は、キー局と明らかに雰囲気が違いますし。中央のエスタブリッシュメントとは異なる人たちが、別の地域で独自のアクションを起こすパターンは、世界各地で見られるのかもしれません。

入山　私が興味深く思うのが、マーク・ザッカーバーグの歩みなんです。彼は東海岸のボストンにあるハーバード大学の学生だった頃にフェイスブックを立ち上げました。だから、そもそもは東海岸のチャーチ側だったんです。でも、途中で西海岸のシリコンバレーに移ります。やっぱり彼は新しいチャレンジをしたい人なので、セクト側に行きたかったんじゃないか。ただ、西海岸に行くとチャーチ側との接点がなくなってしまうので、パイプ役として採用したのが、ハーバード・ビジネス・スクール出身のシェリル・サンドバーグなのではないかと。

池上　シリコンバレーにはIT関係者がたくさんいるから、人材確保の面でもメリットはあるでしょうね。

入山　はい。もちろん、そういった面も大きいとは思います。

■「反知性主義」が生まれる理由

入山　トランプ支持者の特徴としてよく語られる「反知性主義」も、チャーチとセクトの対立として捉えることができそうです。

池上　森本あんりさんは、「反・知性」主義ではなく「反・知性主義」なのだと書いていますね。知性そのものに反発しているのではなくて、知性が特定の権力層と結びついていることに反発している。

入山　経済的に恵まれない人たちからすると、エリート層、富裕層が知性をずっと独占しているように見えるわけですね。

池上　そういった人たちは、「エリートの連中は、みんな民主党支持だ。偉そうにしやがって」と共和党のトランプを支持する。すると、「ニューヨーク・タイムズ」なんかが「あんな男を支持しているバカな奴らがいる」みたいな報道をする。支持者たちは「この野郎！」と思って、かえって一生懸命になる。ハーバード大学教授のマイケル・サンデルは、トランプ現象が起きた理由について、エリートたちがトランプ支持者をバカにしたからだと指摘しています。

入山　支持者には福音派の人たちが多いと思うのですが、不思議に感じる点があります。プロテスタントを含め宗教を信じる人の多くは、恵まれない境遇にあるときに、自分を見つめる方向に行く気がするんですね。お祈りをするとか、いま自分ができることに取り組むとか、現状を受け入れる努力をするとか。ところが、トランプを支持するような人たちは、他人のせいにして、他人を責める方向に走ってしまう。

池上　アメリカ人は、「成功した人は神に祝福されている」と考えますよね。裏を返すと、「貧しい人は神に見放されている」となる。こんな結論はとても受け入れられないので、他に理由を探そうとする。森本さんはこのように解説しています。

入山　森本さんは、アメリカ人は「負け」を理解できないとも言っていますね。これも興味深いです。ベトナム戦争も本当は負けたんだけど、負けていないことにした。確かに、私自身の経験からいっても、彼らはひたすら前向きで、勝つことしか考えていないように見えます。

でも、実際には苦しい立場の人たちがたくさんいて、大きな矛盾が生じている。そのはけ口を求めて、民主党や中国を非難したり、陰謀論に走ったりしているのではないでしょうか。

池上　その通りだと思います。森本さんは、アメリカのキリスト教は「土着化」したものだと言っていますね。ヨーロッパで信仰されていたものとは異なっている。

入山　土着化した結果、自分を見つめて信仰を深めたりすることはできなくなって、短絡的と言うと語弊があるかもしれませんけど、「俺たちのせいじゃない」と他人を責めるようになった。

池上　そうです。「民主党が格差をつくっているんだ」「中国が安いものを売りつけるから俺たちは貧しいんだ」「何かの陰謀で俺たちは苦しめられているんだ」と、誰かのせいにして納得しようとしてしまうんですね。

■「コロナは神からの罰だ」という福音派

池上　新型コロナウイルスが流行していた時期、アメリカにはワクチン反対派がたくさんいたでしょう？

入山　そうでしたね。

池上　あの人たちは福音派が多いんです。彼らがなぜワクチンに反対しているかというと、そもそも「コロナは神からの罰なんだ」と。私たちが放埒な生活をしているから、こうした形で罰を与えられたというわけなんですね。ワクチンで感染を防ぐのは、神の裁きから逃げようとする「ずるい」やり方だから、そんなことはしてはいけない。もし感染したら、それは神の罰なんだから、きちんと受け入れるべきだ。こういう考え方なんです。

入山　福音派は中絶にも反対していますよね。神から与えられるものだから、子どもができたら受け入れるべきだし、コロナも受け入れるべきだと。

池上　私たちからすると、「いやいや、ワクチン打ったほうがいいんじゃないの」って言いたくなるんですけどね。彼らのスタンスは、マスクに関しても同じです。コロナの流行真っ只中の時期でも、トランプ支持者の集会では誰も着けていませんでした。日本の新聞記者が着けたまま会場に入ったら、「マスクを外せ！」の大合唱だったそうですよ（笑）。

入山　大変な目に遭いましたね。

池上　「こいつ、民主党支持者じゃないか？」ってことです。当時のアメリカでは、マスクをしている人は民主党支持者というイメージがありました。実際は、民主党を支持しているからといって、みんながマスクを着けていたわけではないんですが。

二〇二一年の秋に取材でニューヨークを訪れたときは、マスクをしている人が多数派でした。もちろん民主党支持者が多い街ではあるんですけれども、あくまでも個人で判断している印象でしたね。その点、卒業式でマスクを着用するかどうかって国会で議論していた日本は、やっぱり集団主義の国なのかなって思います。

■モルモン教徒はなぜ成功する？

入山　私は最近、成功している経営者や投資家がどんな宗教を信仰しているのか気になって、調べてみたんです。すると、意外なくらいに正統的なプロテスタントが少ないんですね。たとえば、スティーブ・ジョブズは仏教、とりわけ禅に傾倒していました。イーロン・マスクは南アフリカのプロテスタントの家で生まれていますが、あまり宗教は信じていないと言っている。投資家のウォーレン・バフェットも建前上はプロテスタントなんですけど、熱心ではない。フェイスブックのマーク・ザッカーバーグはユダヤ人です。

池上　ビル・ゲイツは敬虔なプロテスタントのようですが、他の人たちはそうでもないんですね。

入山　はい。でも、個人主義だとか、「成功者は神に祝福されている」という考え方とか、プロテスタント的な思考は、もう無意識レベルでそれぞれに埋め込まれているように思うんです。

池上　寄付の文化にしても、プロテスタントかどうかに関係なく定着していますからね。

入山　そうなんです。私にはアメリカにいた頃、モルモン教（末日聖徒イエス・キリスト教会）を信仰している友人がけっこういて、やっぱり彼らも同じですね。むしろ、プロテスタント以上に努力家かもしれません。

池上　モルモン教徒って、ビジネスで成功している人が本当に多い。信者はアメリカ国内に六〇〇万、世界では一五〇〇万人いると言われています。

入山　学者にも多いんですよ。ユタ州に、モルモン教が運営しているブリガムヤング大学という名門校があります。やっぱり信徒の学者はここに行きたがるんです。たとえばハーバード大学ビジネススクールの学部長まで務めたキム・クラークという人は、ブリガムヤング大学アイダホ校の学長になりました。

池上　アメリカのホテルの部屋には、聖書だけでなく「モルモン書」（モルモン教の聖典）も置いてあることに気づいていらっしゃいましたか？

入山　いいえ、気づいていませんでした。

池上　モルモン教徒はビジネスであちこち駆け回っている人が多いから、ホテルが用意しているんですね。本人たちは「キリスト教徒だ」って言うんですけど、多数派のクリスチャンからは、『モルモン書』なんてものを信奉しているのはキリスト教徒ではない」ってみなされることが多い。かつて一夫多妻制を認めていたこともあって、東海岸では迫害を受けていました。それで西に逃げて、誰もいない荒野に住みついた。だんだん信者が増えていって、ついにはユタという州になったんです。

入山　ユタって本当に田舎ですからね。私のアメリカ時代の友人で、モルモン教徒ではないのにブリガムヤング大学に入ってしまった人がいるんです。「地獄だった」と言ってました。彼はお酒が好きなのに、そこでは禁止なんですね。モルモン教では、アルコール、たばこ、コーヒーといった刺激物の摂取が禁じられているので。彼はどうしたかというと、病院に行ったそうなんです。医者に「彼はアルコールを摂取する必要がある」という処方箋を書いてもらった。そうやって「治療だ」と主張すると飲めるらしいんですよ（笑）。

池上　刺激物を断って、ひたすら勉強して働くから、成功する人が多いんでしょうね。

ちなみに、二〇一二年に共和党の候補として大統領選挙に出馬したミット・ロムニーは、モルモン教徒です。民主党のバラク・オバマに敗れましたが、もし当選していれば、史上初めてモルモン教徒の大統領が誕生するところでした。アメリカの歴代大統領はほとんどプロテスタントで、なかでも福音派が半数を占めます。カトリックの大統領は、ジョン・F・ケネディ、そしてジョー・バイデンの二人しかいません。

■矛盾を抱えているからこそ強い

入山　私は、対談や講演などで「いい会社ほど矛盾を抱えている」ってお話をよくするんです。たとえばトヨタは、水素自動車を開発したり「ウーブン・シティ」という実験都市を建設したり、非常にチャレンジングなことに取り組む一方で、「石橋を叩いても渡らない」ような慎重さがある。このように真逆の要素を内包できる組織は「すごく強い」と思っているんですけれども、アメリカという国もまさにそうだなと。とても合理的で科学的な側面があるのに、一方で、理不尽と思えるくらい宗教的で極端なことをやったりもする。

池上　合理的なのに理不尽。不思議な国ですよね。

入山　そう思います。第二章でお話をした「両利きの経営」も、言ってみれば「矛盾を内包できると強い」ってことなんです。幅広く「探索」することと、ピンポイントで「深化」させることとは完全に別のベクトルですが、これを両立できると強みになる。

池上　チャーチとセクトの対立も、矛盾と言えるでしょうね。

入山　なるほど。本当に様々な種類の人たちがいて、そのせめぎあいがダイナミズムを生んでいると思います。

池上　入山さんが第三章で「エコロジーベースの進化理論」を説明されていましたが、ダーウィンの進化論って、環境が大きく変化したときに、その変化に適応できた種が生き残ってきたという主張ですよね。アメリカには多種多様な人がいるから、世界の情勢がどう変わっても、それに対応できる人が出てくる。この点は、他の国にはない絶対的な強みなのではないでしょうか。その進化論を信じない人が大勢いるのもアメリカなのですが。

入山　そうなのでしょうねえ。池上さん、本当に何度も楽しい対談をありがとうございました。

おわりに

日々の国際ニュースでは中東問題や米大統領選挙などで宗教について触れられることが多く、国際情勢は宗教抜きに語れない。ということは多くの人が理解していることでしょうが、宗教が経営にも大きな影響力を持っているとは、なかなか気づかない視点ではないでしょうか。

というと自画自賛のように聞こえるかも知れませんが、入山章栄さんと対談することで、私自身が発見したことだったのです。

世界史を学ぶ上で宗教は避けて通れませんから、私もそれなりに宗教について研究してきました。三つの宗教の聖地であるエルサレムに何度も足を運び、『旧約聖書』や『新約聖書』に名前が登場する土地を見てきました。「イスラエルは神が与えた土地に建国されたのだ」と力説するユダヤ教徒。「イスラム教徒の土地を守る戦いはジハード（聖戦）だ」

と主張するイスラム教徒。「神様がアダムとイブをお造りになったように、そもそも世の中には男と女の二種類しか存在しないのだ」とＬＧＢＴＱ＋の考えを否定するキリスト教徒。多くの人に話を聞き、ときに辟易《へきえき》する思いも経験してきました。

ヨーロッパには実にたくさんの教会が存在しますが、熱心な信者の寄付で絢爛豪華な教会を建設したカトリックに対し、質素を旨としたプロテスタントの教会の違い。宗派の考え方の違いによって教会の在り方も異なることになるのです。

また、イスラム圏もサウジアラビアをはじめイランやイラク、ＵＡＥ（アラブ首長国連邦）やエジプト、バーレーンなど各地を回り、イスラム教の戒律の守られ方の差異やスンニ派とシーア派の違いなどを実地に見てきました。

イスラム教徒だって、誰もが敬虔に祈りを捧げているわけではありません。理屈をつけて酒を飲む人がいるのにはビックリ。

さらにお釈迦様が修行に取り組み、悟りを開いて仏陀（悟りを開いた人の意）となったとされるインドのブッダガヤや、チベット仏教のダライ・ラマ一四世が亡命しているダラムサラも訪れ、一四世に直接インタビューしてきました。日本で独自の発展を遂げた仏教が、もともとの仏教とは大きく変化していることも確かめてきました。

しかし、宗教の発展を経営学の視点で分析するというのは、これまで考えもしませんでした。入山さんという希代の経営学者と語り合うことで、新たな発見や気づきをもらうことができたのです。私の驚きを、読者も共有してくだされば幸いです。

専門分野が異なり、ふだんですと、知り合うことのないはずの二人が対談することで、いわゆる化学反応が起きたのです。

この企画は文藝春秋の編集者の提案で実現しました。毎回の対談の前に私が宗教に関する課題図書を入山さんに提示。入山さんが、その〝宿題〟をこなしてきてから語り合う手法を採用しました。本文の中で入山さんが池上から読むように言われた本について言及しているのは、私からの〝宿題〟だったのです。名だたる学者に〝宿題〟を出すなど滅多にないことで、その快感たるや……。

というのは冗談ですが、入山さんは、多忙な中でもしっかりと図書を読み込んでこられました。その真摯な態度に敬服です。

対談中、入山さんは、私の話のひとつひとつに興奮するという見事な〝生徒役〟を演じられました。何にでも強い興味を示すという受講態度は、私のやる気を掻き立てることになります。こんな優秀な生徒に出会えるチャンスは滅多にありません。〝先生役〟の私の話にも熱が籠ろうというものです。

その一方で、入山さんは豊富な経営学の知見の中から、それぞれに該当する経営学の理論を紹介してくださいます。今度は私が生徒として最新の経営学理論を学ぶことができました。

こうしていったんは対談が終わりましたが、その後、入山さんは、章ごとに追加の解説を執筆。経営学の観点からの解説を読んでから二人の対談に入るという構成にしたことで、対談の内容がより理解しやすくなったと思います。

この本を読むと、経営に関心のある人は宗教にも関心が持てるようになるでしょう。もちろん、その逆も。宗教に関心のある人は、経営にも興味関心を持つようになるのではないでしょうか。

最近は各宗教団体とも信者数の伸び悩み、あるいは減少に直面しています。そんな宗教者にとっても、経営学の観点から現状を分析する手法は、大いに参考になるのではないでしょうか。

新たに事業を興そうと夢中になっている起業家の情熱は、どこか宗教的な勢いを感じさせます。それが、やがて大企業になっていくと、宗教色が弱まります。それはそのまま衰退への道となるのか、それとも創業者の理念を受け継いで発展させることができるのか。入山さんは、経営学の観点から実名を挙げて企業の来し方を語ります。固有名詞があることで、興味も湧きますし、わかりやすくもなります。

この本は、文藝春秋の夜の社屋に頻繁に足を運んで語り合った内容を、フリーの編集者でライターの後藤匡宏さんがまとめてくださいました。本になるにあたっては、文藝春秋編集者の東郷雄多さんにお世話になりました。感謝しています。

二〇二四年六月

ジャーナリスト　池上　彰

■初出

本書は、「文藝春秋 電子版」（https://bunshun.jp/bungeishunju）のオンライン番組「文藝春秋ウェビナー」の対談をもとに加筆再構成をしました。

各回のタイトル、配信日は左記の通りです。

「一瞬の経営判断が勝敗を分ける」二〇二二年五月一九日
「なぜ日本からイーロン・マスクが生まれないのか」二〇二二年七月二五日
「キリスト教もカルトだった!? 今こそ『プロ倫』に宗教を学べ」二〇二二年一〇月九日
「イスラム圏はなぜ資本主義に適応できたのか」二〇二二年一二月一九日
「ふしぎの国『アメリカ』を宗教から読み解く」二〇二三年二月六日
「仮想通貨がグローバル資本主義を崩壊させる?」二〇二三年五月一二日 ※本書未収録

■参考文献（毎回の対談前に池上彰氏が入山章栄氏に課題図書として提示した本）

第三章 どんなビジネスも最初は「カルト」

第四章　パーパス経営の時代こそ、プロテスタントの倫理が求められる
マックス・ウェーバー著／大塚久雄訳『プロテスタンティズムの倫理と資本主義の精神』岩波文庫（一九八九年）
藤原聖子『宗教と過激思想』中公新書（二〇二一年）
島薗進『新宗教を問う』ちくま新書（二〇二〇年）
島田裕巳『宗教にはなぜ金が集まるのか』祥伝社新書（二〇二二年）

第五章　なぜイスラム教は「ティール組織」が作れるのか
牧野信也『イスラームとコーラン』講談社学術文庫（一九八七年）
阿刀田高『コーランを知っていますか』新潮文庫（二〇〇五年）

第六章　アメリカ経済の強さも矛盾も、その理解には宗教が不可欠
マックス・ウェーバー著／中山元訳『世界宗教の経済倫理――比較宗教社会学の試み　序論・中間考察』日経BPクラシックス（二〇一七年）
森本あんり『宗教国家アメリカのふしぎな論理』NHK出版新書（二〇一七年）

橋爪大三郎『世界は宗教で動いてる』光文社未来ライブラリー（二〇二一年）
「仮想通貨がグローバル資本主義を崩壊させる?」
岩井克人『貨幣論』ちくま学芸文庫（一九九八年）
丸山俊一他『岩井克人「欲望の貨幣論」を語る』東洋経済新報社（二〇二〇年）
チョン・アウン著／生田美保訳『主婦である私がマルクスの「資本論」を読んだら』DU BOOKS（二〇二三年）
池上彰『新版　知らないと損をする　池上彰のお金の学校』朝日新書（二〇一九年）

■その他の主要参考文献

池上彰『聖書がわかれば世界が見える』SB新書（二〇二二年）
池上彰『池上彰の宗教がわかれば世界が見える』文春新書（二〇一一年）
入山章栄『世界標準の経営理論』ダイヤモンド社（二〇一九年）
チャールズ・A・オライリー著／マイケル・L・タッシュマン著／入山章栄監訳／冨山和彦解説／渡部典子訳『両利きの経営　増補改訂版』東洋経済新報社（二〇二二年）

対談構成　後藤匡宏

池上　彰（いけがみ あきら）

1950年長野県生まれ。ジャーナリスト。慶應義塾大学経済学部卒業後、NHK入局。記者やキャスターを歴任し、2005年に退職。現在、名城大学や東京工業大学など計5つの大学で教える。著書に『伝える力』、「知らないと恥をかく世界の大問題」シリーズなどがある。

入山章栄（いりやま あきえ）

1972年生まれ。経営学者。早稲田大学大学院（ビジネススクール）教授。慶應義塾大学経済学部卒業、同大学院経済学研究科修士課程修了。ピッツバーグ大学経営大学院より博士号（Ph.D.）取得。著書に『世界標準の経営理論』などがある。

文春新書

1462

宗教《しゅうきょう》を学《まな》べば経営《けいえい》がわかる

2024年7月20日　第1刷発行

著　者	池　上　　彰 入　山　章　栄
発行者	大　松　芳　男
発行所	株式会社　文　藝　春　秋

〒102-8008　東京都千代田区紀尾井町3-23
電話（03）3265-1211（代表）

印刷所	理　想　社
付物印刷	大日本印刷
製本所	大　口　製　本

定価はカバーに表示してあります。
万一、落丁・乱丁の場合は小社製作部宛お送り下さい。
送料小社負担でお取替え致します。

ISBN978-4-16-661462-2